플랫폼 경제,
협동조합을 만나다

플랫폼 자본주의를 넘어서는 새로운 제안과 과제

사이먼 보킨 지음
번역협동조합 옮김

플랫폼 경제,
협동조합을 만나다

COOPERATIVE
착한책가게

감사의 말

이 책은 커뮤니티셰어유닛^{Community Share Unit, CSU}의 연구를 바탕으로 하며, 협동조합과 자본 간의 관계가 발전하고 있다는 짐 브라운의 시각이 반영되어 있다. 짐 브라운과 나는 거의 7년에 걸쳐 긴밀하게 협력하여 연구를 진행해왔다. 휴 로로를 비롯한 커뮤니티셰어유닛 연구원들 역시 이 책의 뼈대를 세우는 과정에 큰 도움을 주었다.

책이 완성될 때까지 많은 조언을 해주고 방향을 이끌어준 네스타^{Nesta}의 앨리스 케이시, 제니 로이드, 톰 시먼스에게도 감사의 말을 전한다. 이들의 도움 덕분에 이 책의 결론과 앞으로 해결해야 할 과제들을 도출할 수 있었다. 코퍼라티브즈UK^{Co-operatives UK}*의 사무총장 에드 메이오와 코랩협동조합^{CoLab Co-op}의 기술전략관 대니 스피츠버그의 통찰력도 많은 도움이 되었다. 뉴욕 뉴스쿨the New school의 트레버 숄츠 교수의 연구는 이 책뿐 아니라 관련 분야 전반에 걸쳐 크나큰 영향을 끼쳤으며, 그 공을 충분히 인정해야 할 것이다. 마지막으로 이 책이 '자본 마련이라는 난제(이 책의 원제인 'Platform co-operatives - solving the capital conundrum'를 말한다.)'라는 제목을 갖게 된 것에 대한 공로를 비비안 우델에게 돌린다. 우델은 2018년 오픈 콘퍼런스Open Conference 워크숍에서 소개된 국제협동조합연맹International Co-opertive Alliance의 2017년 보고서에서 이 책과 동일한 주제를 다루어 큰 관심을 이끌어냈다.

네스타와 코퍼라티브즈UK

네스타는 영국의 사회 혁신을 주도하는 기관으로, 인구 고령화가 주는 압박, 공공 서비스 확대의 필요성, 빠르게 변화하는 일자리 시장에 이르기까지 시대가 제기하는 도전에 응하기 위한 새로운 아이디어에 귀를 기울이고 필요한 지원을 제공한다.

코퍼라티브즈UK는 수천 개의 협동조합 단체가 연결된 네트워크 조직으로, 총 가치가 영국 경제에서 약 360억 파운드(한화 약 52조1천억 원)를 차지하는 회원 기업들의 성장과 발전, 결속을 위해 활발한 활동을 펼친다.

● 국내에서는 '영국협동조합연합'이라고도 알려져 있다. - 옮긴이

차례

들어가며

전통적인 협동조합이 취하는 사업방식은 19세기 영국에서 시작된 사회 혁신에 기반을 둔다. 그리고 이런 협동조합 방식은 주주가 기업을 소유하는 방식에 반하여 좀 더 공정한 대안을 제시하는 전 세계적 운동으로 발전했다. 협력을 기반으로 하는 IT 플랫폼이 개발됨에 따라 이제 협동조합은 새로운 방식과 더 큰 규모로 운영될 수 있게 되었으며, 앞으로 더욱 확장될 수 있는 무한한 가능성을 보이고 있다.

오늘날 점점 더 많은 사람들이 한없는 유연성과 독립성을 제공하는 디지털 플랫폼을 이용해 업무와 자원을 관리한다. 하지만 이 디지털 플랫폼을 소유하고 있는 기업은 대부분 고용 안정성을 해치는 임시계약직경제gig economy*를 확산하고 구조적 불평등을 심화시키며 데이터 감시와 수집을 조장하는, 소수의 거대 기술기업들이다. 그래서 이러한 플랫폼들은 착취와 독점의 형태를 띠기도 한다. 이러한 플랫폼 자본주의의 지배력과 그로 인한 네트워크 효과 때문에 지금 널리 퍼진 대기업 중심 디지털 플랫폼 모델을 넘어서는 다른 모델이 형성되기는 매우 어려운 상황이다.

하지만 이런 상황은 반드시 변화를 맞이할 것이다. 플랫폼 협동조합운동에 힘입어 지금과는 다른 여러 가지 미래가 펼쳐질 수 있기 때문이다. 플랫폼 협동조합은 재화와 서비스의 거래가 이루어지는 네트워크라는 점에서 표면적으로는 거대 기술기업들이 운영하는 기존 플랫폼과 비슷해 보이지만 공동으로 소유하고 민주적으로 운영된다는 점에서 그와는 다르다. 플랫폼 협동조합은 더 공정하고 포용적인 성과를 이루는 방법이며, 이를 통해 노동자와 소비자 모두 실질적인 이익을 얻을 수 있다.

지난 6개월간 네스타와 코퍼라티브즈UK는 영국 플랫폼 협동조합 앞에 놓인 가능성과 어려움에 대해 논의하기 위해 관련

• 필요에 따라 사람을 구해 임시로 계약을 맺고 일을 맡기는 형태의 경제방식. '긱 경제'라고도 한다.-옮긴이

전문가와 제일선에 있는 활동가들을 초청해 많은 이야기를 나누었다. 이 책은 플랫폼 협동조합이 디지털 경제체제 내에서 어떻게 번영할 수 있을 것인가에 대한 고민을 담고 있으며 가능성 있는 방법들을 제시한다. 주목할 것은 일반기업의 사업방식과 비교하여 플랫폼 협동조합이 지닌 경쟁력 있는 장점들을 정리했다는 점이다. 또한 조직을 구성하는 이해관계자들의 분포와 자격에 따라 플랫폼 유형을 체계적으로 분류하여 제시했다. 이에 따른 플랫폼 유형은 다음과 같다.

- 다중이해관계자 및 공동체 플랫폼
- 생산자주도 플랫폼
- 컨소시엄 및 노동자 플랫폼
- 데이터 컨소시엄 플랫폼

이와 동시에 플랫폼 협동조합이 해결해야 할 과제와 한계도 진단해보았다. 그중에서 가장 중요한 것은 이들이 사업을 시작하고 규모를 키우는 데 필요한 자본을 조달하는 일이 너무도 어렵다는 점이다. 플랫폼 협동조합의 미래는 이 문제, 즉 자본 마련이라는 어려운 과제를 어떻게 해결해나갈 것인가에 달려 있다고 할 수 있다. 이 책은 협동조합co-operative 및 공동체이익조직

community benefit organizations 만의 특수한 지분 형태인 '공동체주식community shares'에서 아이디어를 얻어 자본 마련이라는 문제의 해결책을 제시하고 있다.

또한 플랫폼 협동조합의 성장을 위한 몇 가지 권고사항과 앞으로 나아가야 할 방향에 대한 논의도 담고 있는데 간단히 정리하면 다음과 같다.

- 플랫폼 협동조합 기금 조성 요청 : 공동체주식 모델에서 착안한 첫 인내창업기금patient seed fund* 1백만 파운드
- 창업육성기획 프로그램accelerator activities 개발 : 신생 플랫폼 협동조합이 자금을 조달할 수 있도록 맞춤형 지원 및 자문을 제공하는 창업육성기획 프로그램을 개발
- 플랫폼 협동조합 모델에 대한 인식을 높이는 집중 캠페인 진행 : 특히 정보통신기술(IT) 분야에 집중
- 추가연구 : 협동조합 구조 채택을 고려하고 있는 기존 미션 중심, 목적 지향적인 기술기업에 플랫폼 협동조합을 위한 자본 모델을 어떻게 결합시킬 수 있을지에 대한 추가연구

---

* 사회투자 영역에서 자금 회수에 시간이 오래 걸려도 기다려주는 투자를 '인내자본Patient Capital'이라 부르며, 여기서 인내창업기금은 플랫폼 협동조합을 위한 초기 투자의 성격을 규정하는 용어다.─옮긴이

플랫폼 자본주의와 거대 기술기업들의 과도한 지배구조에 대항할 공정하고 효과적인 처방을 내려면 플랫폼 경제에서 다양한 비즈니스 모델을 개발하는 것이 중요하다. 플랫폼을 공동으로 소유하고 운영 역시 공동으로 한다면 이는 장기적으로 사회적·경제적 이익을 가져다주는, 바로 우리에게 필요한 대안이 될 수 있을 것이다.

디지털 경제에서 플랫폼 협동조합이 필요한 이유는 무엇인가

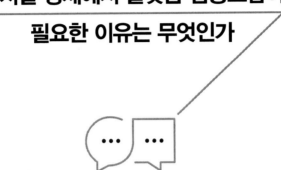

　디지털 플랫폼을 통해 자신의 업무와 자원을 관리하는 사람들이 점점 더 늘고 있다. 이러한 플랫폼 시장을 장악하고 있는 것은 소수의 거대 기업들이다. 승객과 운전기사를 연결하는 우버Uber, 초단기 아르바이트 중개서비스 태스크래빗Taskrabbit, 아마존이 운영하는 메커니컬 터크Mechanical Turk, 숙박공유 플랫폼 에어비앤비Airbnb, 영국의 음식배달 서비스 딜리버루Deliveroo가 이런 기업들의 예다.

　이러한 디지털 플랫폼들은 사람들에게 지금껏 경험해보지 못한 유연성과 독립성을 제공한다. 디지털 플랫폼을 이용할 수 있게 된 덕분에 자신의 빈집을 대여하는 숙박업자, 택시 기사,

그리고 프리랜서 노동자가 되기 위한 진입장벽이 대폭 낮아졌고, 이러한 시장에서 고객이 되어 서비스를 이용하는 것도 정말 쉬워졌다. 디지털 플랫폼은 이런 점들 때문에 긍정적으로 인식되기도 하지만 다른 한편 노동력을 착취하고 수탈하며 시장을 독점한다는 비난 또한 피하지 못하고 있다.

이러한 시스템을 한마디로 플랫폼 자본주의라고 부른다. 이 시스템 속에서 수많은 서비스 제공자와 이용자들이 이익을 만들어내고, 그 이익은 아마존, 페이스북, 구글 같은 글로벌 기업과 한 줌밖에 안 되는 소수의 사람들에게로 귀속된다. 이러한 플랫폼에 의존하는 일반 사용자는 대개 자신의 개인정보에 대한 통제권이 없다고 생각하며, 그 정보가 어떻게 쓰이는지 묻지도 않는다. 이렇게 금전적 착취와 개인정보의 부당한 이용을 통한 수익 창출을 부추기는 독점 구도가 형성된 것이다.

뉴욕 뉴스쿨 교수이자 뉴욕에 있는 플랫폼 협동조합운동 컨소시엄Platform Cooperativism Consortium의 창립자 트레버 숄츠는 자신이 쓴 에세이 〈인정하세요! 플랫폼 협동조합운동의 포트폴리오는 진보 중 Own this! A portfolio of platform co-operativsm, in progress〉(2018)에서 플랫폼 자본주의의 주요 영향을 세 가지로 정리했다.

1. **사회계약 파기** 주요 플랫폼 업체들이 사용하는 추출적[•] 단기 재무 모델the extractive short-term financial model은 노동자와 기업 간의 사회계약을 훼손하고 있다.
2. **구조적 불평등의 심화** 임시계약직경제의 확산으로 플랫폼이 노동자의 권리를 더욱 약화시키고 있는데, 이는 인종과 젠더의 구조적 불평등을 심화시킨다.
3. **감시 자본주의** 거대 기술기업은 이용자에 관한 방대한 양의 데이터를 수집하면서도 해당 데이터가 어디에 쓰이는지 투명하게 공개하지 않는다. 이는 사생활 침해나 온라인 보안 관련 우려, 그리고 개인정보의 부당한 이용을 통한 수익 창출의 우려를 낳는다.

이러한 현상이 지속적으로 나타남에 따라 플랫폼 자본주의가 낳은 부정적 영향을 해소하고자 하는 논의와 제안이 곳곳에서 이루어지고 있다. 따라서 플랫폼 협동조합 모델은 기술기업들이 자신들의 활동이 미치는 사회적 영향을 인식하도록 하는

• **추출주의**extractivism. 본래 자연자원 채굴 경제 모델을 말하지만, 이 글에서는 빅데이터와 심지어 이를 만들어내는 인간 그 자체까지도 '자원'으로 삼아 수탈하듯 추출하여 수익으로 삼는 경제 모델을 의미한다.—옮긴이

'선을 위한 기술^{tech for good}'이나 '책임 있는 기술^{responsible tech}' 같은 여러 움직임의 맥락 속에서 인식되어야 한다. 이와 비슷한 논의로 등장한 B코퍼레이션^{BCorps}* 같은 제도는 기업 전반에 걸쳐 이들이 사회적 책임을 좀 더 충실히 이행하도록 하는 촉진제가 되고 있다.

하지만 플랫폼 협동조합운동^{co-operativism}이 위에 제시된 논의의 주된 흐름과 결정적으로 다른 점은, 사회적 책임을 이행하는 차원보다는 기업 운영과 관련된 실질적인 소유권 문제나 거버넌스 자체를 중점적으로 다룬다는 점이다.

• Benefit Corporation. 미국의 비영리단체 'B Lab'에서 시작한 운동으로, 사회, 환경, 법적, 도덕적 책임을 다하고 투명한 경영을 하는 기업을 평가해 B코퍼레이션 인증을 한다. ─옮긴이

플랫폼 협동조합의
기원

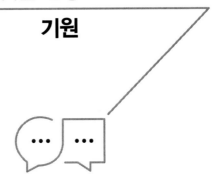

플랫폼 협동조합은 중간 매개자 없이 개인과 개인을 직접 연결하는 플랫폼 기술이 가져다주는 기회와 협동조합운동의 원칙이 결합된 것이다.

협동조합이 오랜 기간 쌓아온, 거래와 사업 경영에 대한 풍부한 경험은 영국 역사에서 흔히 찾아볼 수 있다. 로치데일의 선구자들은 1840년대 무렵 협동조합을 하나의 사업방식으로 공식화했다. 그 이후 생겨난 이와 같은 많은 조직들이 오늘날까지도 건재하게 활동하며 자신들의 회복력과 사회적·기술적 변화에 대한 적응력을 증명하고 있다. 플랫폼 협동조합은 이러한 내력의 연장선상에 있다.

17

협동조합 기업 운영 원칙의 핵심에는 이해관계자 모두가 공동의 이익을 위해 함께 일하는, 더 공평하고 공정한 형태의 기업에 대한 믿음이 자리 잡고 있다. 협동조합 기업의 소유권은 보이지 않는 곳에 있는 투자자가 아니라 조합원들에게 있다.

이렇듯 협동조합과 일반기업은 매우 다르다. 투자자에게 소유권이 있는 기업의 경우 투자자를 위한 최고의 보상은 그들에게 돌아갈 투자 수익을 최대화하는 것이다. 이와 달리 협동조합에서 가장 중요하게 여기는 것은 조합원 모두를 위한 이익이다. 이는 협동조합이 수단과 방법을 가리지 않고 단순히 수익만 좇는 것이 아니라 공평함, 조합원의 의사결정 참여, 공정한 임금, 그리고 기업의 장기계획 수립 등 수익 이외에 다른 목표를 우선시한다는 것을 뜻한다.

협동조합 기업이 지닌
장점

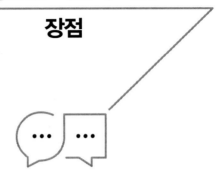

협동조합 기업은 근본적으로 앞서 말한 것과 같은 차별성을 지니고 있기에 다음과 같은 장기적이고 실질적인 경제적, 사회적 장점을 갖출 수 있었다.

- 기존 기업들보다 생산적이다. 깊은 신뢰를 쌓고 실질적인 지식을 공유하면서 자신의 조직에 더 깊이 관여하는 노동자들 덕분에 협동조합은 기존 일반기업들보다 더 생산적임을 증명했다(Virginie Perotin, 2016).
- 생존 가능성이 높다. 조사결과에 따르면, 협동조합 기업은 창업 후 5년간의 생존 가능성이 기존 일반기업에 비해

거의 두 배 높은 것으로 나타났다(Co-operatives UK, 2018).

- 이직률, 임금 불평등, 결근율이 낮다. 협동조합의 직원 이직률, 임금 불평등, 상습적인 무단 결근율이 모두 일반기업들보다 낮은 것으로 나타났다(Mayo, 2015).

협동조합의
유형

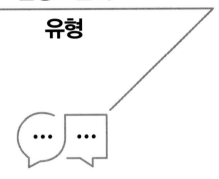

협동조합은 협동조합을 구성하는 조합원 유형에 따라 크게 다섯 가지로 나눌 수 있다.

조합원 유형에 따른 분류	예
노동자·프리랜서협동조합 기업의 지배권이 노동자에게 있다.	수마Suma는 영국에서 규모가 가장 큰 노동자협동조합이다. 채식주의자를 위한 제품을 생산하며 유기농산물과 윤리적인 원료를 사용한다.
소비자협동조합 협동조합의 고객이 조합원이다.	더 와인 소사이어티The Wine Society는 고품질 와인 공급에 특화된 협동조합 조직으로, 소비자가 조직을 직접 소유한다.

컨소시엄협동조합 일반적으로 소규모 사업자인 개별 생산자들이 협동조합을 조직해 금융, 보험 서비스 등 대규모 단체를 구성할 때 누릴 수 있는 혜택을 함께 누린다.	템스 밸리 파머스마켓 협동조합Thames Valley Farmers' Market Co-operative은 잉글랜드의 옥스퍼드 주, 버크셔 주와 남부 버킹엄셔 주에 있는 농산물 직판장을 관리, 지원한다. 개별 농부들과 소규모 생산자들은 자신의 생산물을 지역 소비자에게 직접 판매할 수 있다.
공동체협동조합 장소 혹은 관심사 등과 관련된 '공동체의 정체성'을 함께 공유하는 사람들이 모인 조직이다.	루이스 풋볼클럽Lewes Football Club은 팬들이 직접 소유하는 형태의 축구팀 중 하나다. 풋볼클럽 서포터즈는 1인 1표 원칙을 기본으로 단체에 투자할 수 있다.
다중이해관계자협동조합 이해관계자의 이해가 혼합되어 각 조합원 유형에 따른 역할과 권리가 부여된다.	더 뉴 인터내셔널리스트 매거진The New Internationalist Magazine은 노동자와 3,500여 명의 소비자 및 투자자 조합원이 소유하는 다중이해관계자협동조합이다.

플랫폼 협동조합이란
무엇인가

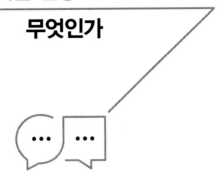

"플랫폼 협동조합은 서비스 제공과 제품 판매를 위해 설계된 디지털 플랫폼이며, 이 플랫폼을 사용하고 참여하는 사람들이 공동으로 소유하고 운영한다(Sutton, 2016)."

이러한 정의는 플랫폼 협동조합에 대해 압축적으로 설명하고 있지만 플랫폼 협동조합운동의 넓은 범주에 포함되는 다른 모델들이 지니는 미묘한 차이를 충분히 담지 못할 수도 있다.

또 다른 방식으로 설명한 다음 네 가지 특징을 살펴보면 플랫폼 협동조합에 대해 좀 더 폭넓게 이해할 수 있을 것이다.

1. 플랫폼 협동조합은 오픈소스 운동에서 착안되었지만 오픈소스 운동으로 규정할 수는 없다. 개방형 접근방식을 취하지만 개방에 기반을 둔 원칙보다는 협동조합 원칙을 고수함으로써 조직의 정체성을 찾는다.
2. 단순히 참여 유도와 원활한 협력 운영을 위한 디지털 도구가 아니다. 다만 그러한 도구가 참여 운영이라는 민주적인 특징을 지닌 플랫폼의 일부를 구성한다고 볼 수 있다.
3. 디지털 채널을 사용하고 디지털 서비스를 제공하는 협동조합 이상의 역할을 한다. 사람들은 플랫폼 협동조합의 온라인 플랫폼에 모여 각자의 비즈니스 활동을 하면서 강한 상호의존 관계를 형성한다.
4. 플랫폼 협동조합은 워커테크worker tech* 같은, 노동자의 권리만 강화하는 기술에서 한 발 더 나아간다. 플랫폼 협동조합에는 소비자 이해관계의 측면도 있으므로 뿔뿔이 흩어져 일하는 개별 노동자들을 연결하여 노동시장 안에서 더 큰 영향력을 가지도록 하는 것 이상의 역할을 한다.

● workertech initiative: 거대 기술기업들에게 막대한 수익을 안겨준 기술과 플랫폼을 개발한 기술자/개발자(노동자)들 자신은 유연 노동으로 포장된 임시계약직경제의 희생물이 되어 있는 역설적인 모순 상황을 타개하여 기술자/개발자(노동자)들이 더 나은 삶을 살 수 있도록 하기 위한, 기술자/개발자(노동자) 중심의 기술을 개발하자는 움직임−옮긴이

플랫폼 협동조합의
유형 분류

앞서 제시된 것처럼 협동조합의 조합원 유형을 기준으로 플랫폼 협동조합을 분류할 수도 있다. 하지만 플랫폼 협동조합은 특정한 비즈니스 모델을 가지고 있으며 기술을 활용하기 때문에 독특한 특징을 보인다. 플랫폼 협동조합이 점차 그 모습을 드러냄에 따라, 신생 플랫폼 협동조합의 다양한 형태를 포함할 수 있는 유형 분류체계를 만들게 되었다.

유형	예
다중이해관계자 및 공동체 플랫폼 multi-stakeholder/community flatform 플랫폼 협동조합의 가장 대표적 예다. 플랫폼을 통해 제품 및 서비스를 거래하는 사용자와 생산자, 그리고 플랫폼 개발자까지 모두가 조합원이 되어 해당 플랫폼을 함께 소유한다. 공동체 및 다중이해관계자 협동조합을 전통적인 협동조합과 구분하는 경계는 다소 모호하다. 모든 조직이 조합원의 공통된 필요를 중심으로 공동의 이익을 추구하는 플랫폼적 속성을 지니고 있기 때문이다. 하지만 이들 각각의 조직은 특정 상호작용을 통해 소비자나 생산자 같은, 자기 조직의 이해관계자 정체성을 구분 짓는다. 이러한 관계는 거버넌스라는 대의구조에 반영되거나 개방적인 조합원 제도를 통해 보장되며, 이는 모든 이해관계자에게 대등하게 적용된다.	"권리를 위한 스트리밍"을 표방한 레소네이트Resonate는 블록체인 기술을 이용한 음악 플랫폼이다. 다중이해관계자협동조합으로서 민주적 운영권을 예술가(45%), 청취자(35%), 그리고 노동자(20%)가 함께 나눠 가진다. 이 모델을 통해 음악가들은 다른 스트리밍 서비스 업체보다 2.5배나 많은 수입을 얻는다.
생산자주도 플랫폼 Producer-led platform 지리적으로 분산되어 있는 생산자들이 디지털 플랫폼을 통해 공동으로 제품을 판매한다. 생산자들은 협동조합을 소유하는 조합원으로서 조직을 함께 운영하지만 생산은 각자 별개로 이루어진다. 수익의 집계와 배분은 온전히 생산자 측에서 이루어지며 소비자는 조직의 공동 소유자가 될 수 없다.	스톡시 유나이티드Stocksy United는 플랫폼을 공동으로 소유하는, 전 세계 63개국 약 1,000여 명에 이르는 스톡 사진작가의 엄선된 사진 및 비디오 영상을 제공한다. 회원은 창작 콘텐츠에 라이선스를 부여하고 표준 라이선스 판매에 대해서는 50%의 로열티를, 확장 라이선스 판매에 대해서는 75%의 로열티를 받는다.

생산자주도 플랫폼은 생산자에게는 주요 생계수단이기 때문에 이들에게 상당히 중요한 동시에, 플랫폼 입장에서도 거래를 활성화하는 네트워크 효과를 발생시킬 수 있는 생산자의 참여가 핵심을 이룬다.

스톡시 유나이티드의 조합원들은 2016년에 1억 7백만 달러의 매출을 올려 30만 달러의 배당금을 받기도 했다.

컨소시엄 및 노동자 플랫폼
Consortia/worker platform

독립된 생산자 간이 아닌, 노동자협동조합 간 상호작용을 돕는 플랫폼 형태다. 이 플랫폼은 근본적으로는 노동자들이 자신의 노동력을 제공하는 채널 역할을 하지만, 특정 지역에서는 서로 간에 밀접한 관계를 맺는 경우도 종종 있다.

뉴욕을 기반으로 한 업앤고Up & Go는 네 개의 노동자협동조합이 함께 개발한, 공정한 임금을 보장하는 주문형 청소 서비스 제공 플랫폼이다. 대부분이 여성으로 이루어져 있으며 플랫폼은 노동자가 소유한다. 업앤고를 통한 청소노동 수익의 95%는 노동자에게 지급되고 나머지 5%는 플랫폼 유지를 위해 사용된다.

데이터 컨소시엄 플랫폼
Data consortia platform

또 한 가지 가능한 유형은 상호신용 모델 mutual trust model로서, 주로 데이터의 소유와 사용에 관한 문제를 다룬다. 이 모델의 기본 개념은 "데이터의 주체들이 신뢰를 바탕으로 데이터 저장소에 개인의 정보를 올리고, 이 데이터의 사용조건을 스스로 결정하는 것이다. 데이터 컨소시엄 플랫폼은 개인 데이터의 사용을 통제하는 파트너 역할을 한다.(Laurence, 2016)" 따라서 조합원들을 대신해 데이터를 관리하기 위한 상호조직mutual organization이 형성되며, 조합원들은 민주적인 통제권을 가지고 수익도 공평하게 나눈다.
데이터 컨소시엄 플랫폼의 경우 데이터 소유권이라는 개념이 그 시작점이지만, 플랫폼 협동조합의 상업적 성격에 더 중점을 두고 접근하는 적용 사례들이 있다.

마이데이터MIDATA는 스위스에 기반을 두고 있는 건강 관련 데이터 협동조합이다. 조합원들은 자신의 의료기록, 휴대전화를 통한 건강관리 데이터 또는 개인 유전체에 관한 정보를 마이데이터에 업로드하고, 안전이 보장된다는 전제 아래 의학 전문가나 연구자에게 해당 정보를 공유할지에 대해 스스로 결정할 수 있다. 이 플랫폼에서 환자들은 자신의 데이터를 공동으로, 그리고 효율적으로 연구자에게 제공하고 그에 대한 대가를 받을 수 있다.

※표1 플랫폼 협동조합의 유형

27

이러한 유형 분류체계는 플랫폼 협동조합에서 나타나는 두 가지 특징에 의해 도출되었다. 이를 그림으로 나타내면 그림 1과 같다.

- 조합원 분포

플랫폼 협동조합은 모두 개방적이고 민주적인 조합원 정책을 펼치지만, 사업 활동 과정에서 상호작용하는 여러 이해관계자들을 통틀어 조합원이 어떻게 분포되어 있는지에 따라 유형이 다양해진다.

그림 1 • 플랫폼 협동조합의 유형 분류

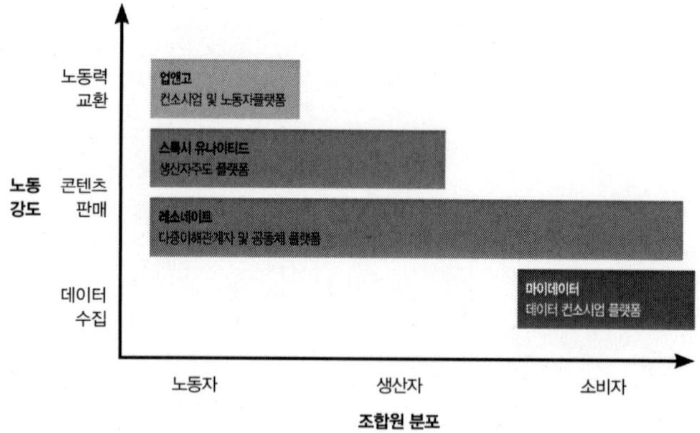

- 노동강도

유형 분류체계의 또 다른 중요 항목은 사업 활동의 주가 되는 노동의 비중이다. 플랫폼 협동조합의 비즈니스 모델은 매우 다양하지만 모두 노동과 관계가 있다는 공통된 특징이 있다. 하지만 하나의 사업체로서 이 노동이라는 측면이 비즈니스 모델에 얼마나 '집중적으로' 결합되는가에 따라 플랫폼 협동조합의 유형은 다양하게 나타난다. 예를 들어, 업앤고는 노동력, 즉 노동자들이 제공하는 청소 서비스를 중심으로 한 노동 거래에 의지하는 반면, 마이데이터는 노동이 아닌 고객의 의료정보 수집과 관련이 있다.

협동조합의 장점이
디지털 플랫폼과 만나다

플랫폼 협동조합에 몸담고 있는 사람들은 적절한 환경만 뒷받침되면 좀 더 참여적인 방식의 기업이 일반적인 기업 모델보다 운영상 더 경쟁력 있는 장점을 갖추고 있다고 강조한다.

이 주장의 핵심은 플랫폼 협동조합이 전통적인 협동조합보다 장점을 훨씬 더 잘 발휘할 수 있다는 것이다. 집단 내에서 협의를 효과적으로 이끌어내는 데 디지털 플랫폼 기술을 이용할 수 있기 때문이다. 전통적인 협동조합은 규모가 커질 때마다 민주적 의사결정이라는 절차를 지켜내기 위해 힘겨운 노력을 해왔다. 하지만 이제는 기술이 발전함에 따라 조합원이 기여한 바와 조합원 간 혹은 조합원과 플랫폼 간 상호작용을 디지털 방식으로 기록할 수 있게 되었고, 안건에 대한 투표나 그에 필요한 일들을 자동화된 방식으로 할 수 있다. 이는 대규모 조직에서 민주적 의사결정을 할 때 많은 사람들을 참여시켜야 하는 과정에서 겪던 어려움을 크게 줄여준다.

이 같은 기본적인 특징 외에도 플랫폼 협동조합이 갖출 수 있는 장점을 세 가지로 정리할 수 있다. 이는 플랫폼 협동조합의 발전과 확장을 위한 바람직한 조건을 제시해줄 것이다.

1. 가치를 창출한 사람이 통제권을 가짐

'콘텐츠 수익창출'의 어려움으로 인해 창의산업creative industry에 종사하는 기존 기업과 플랫폼 기업 모두 한계사업marginal business* 모델로 운영될 수밖에 없었고, 이러한 한계사업 모델은 콘텐츠 생산자에게 돌아가야 할 몫을 희생시켜 제3자인 투자자의 이윤 추출에 복무하는 것을 우선으로 한다. 기술은 이러한 창의산업에 심대한 영향을 미쳤다.

───────────

● 수익이 나지 않거나 매우 박한 사업 또는 그런 기업-옮긴이

31

수익의 발생과 분배 방식에 대한 통제권이 가치를 창출한 사람에게 더 많이 주어지고 외부 투자자와의 관계가 착취 구조에서 벗어나는 균형 잡힌 방식으로 플랫폼 협동조합의 개발이 이루어진다면, 더욱 지속가능한 비즈니스 모델을 만들어낼 수 있다. 플랫폼 협동조합은 운영과 관련한 의사결정에서 가치를 창출한 사람들(음악가, 언론인, 사진작가 등)에게 상당한 지분을 부여한다.

- **핵심 분야:** 창의산업
- **주요 유형:** 다중이해관계자 및 공동체 플랫폼
- **기존 플랫폼:** 스포티파이Spotify
- **신생 플랫폼 협동조합:** 레소네이트

2. 관계 모델

온라인 플랫폼은 공식·비공식적 상황 모두에 시장을 제공한다. 우리 사회의 노인 및 영유아 돌봄 서비스를 대표적인 예로 들 수 있다. 이러한 서비스는 효율적으로 기능하는 거래보다는 이해관계자 사이의 관계와 호혜의 질에 의지한다. 이 시장은

운영 모델을 유지하기 위한 비용으로 인해 큰 어려움을 겪고 있는 분야이기도 하다.

플랫폼 협동조합 모델은 이 시장을 구성하는 다양한 이해관계자들을 모두 기업의 거버넌스에 참여시킨다. 그럼으로써 서비스 향상과 실질적인 가치 제공을 위한 방안을 모두 함께 마련할 수 있도록 하는 데 꼭 필요한 참여수단으로서의 역할을 한다.

- **핵심 분야:** 보건, 사회복지
- **주요 유형:** 다중이해관계자 및 공동체 플랫폼
- **기존 플랫폼:** 비다^{Vida}
- **신생 플랫폼 협동조합:** 이퀄 돌봄협동조합$^{Equal Care Co-operative}$

3. 사회운동으로서의 플랫폼 협동조합

거대 플랫폼 기업 중 일부는 노동을 착취하는 관행으로 비난받고 있다. 예를 들어 우버는 기사들과의 소통방식을 게임화하여, 기사들이 더 오랜 시간 동안 운전하도록 유도한 혐의로 기소되기도 했다(Sheiber, 2017). 고용 관련 규제의 울타리에서 빠져나가려고 노동자에게 '호출대기형 노동계약$^{zero-hour contract}$'*을

요구하거나 '비자발적 자영업자$^{self-employed contractor}$'$^{••}$로서 계약을 맺도록 하는 플랫폼 기업들도 많다. 노동조합 운동 진영은 고용에 있어서 갈수록 다양해지는 착취 사례를 파악하기 위해 고군분투하고 있다.

반면 플랫폼 협동조합은 노동자와 생산자에게 통제수단을 제공하고 전통적인 노동조합 구조 바깥에서 노동을 조직할 수 있는 방법도 제공한다. 경제 분야 전반에 걸쳐 좀 더 높은 수위의 도덕적 관행과 도덕적 생산규범에 대한 욕구가 커지고 있다. 이 역시 플랫폼 협동조합의 기업운영 방식을 통해 실현 가능해질 것이다.

플랫폼 협동조합은 새로운 사회운동의 바람을 일으킬 수 있다. 플랫폼 협동조합을 통해 소비자와 노동자는 온라인 시장이 반드시 갖추어야 할 노동자 복지와 조직운영의 공정성이 뿌리내리게 할 수 있을 것이다. 노동자의 권리는 찾아볼 수 없고 소비자 보호를 위한 노력은 미흡했던 지금까지의 온라인 시장은

• 고정적인 노동시간을 보장하지 않고 사용자의 필요에 따라 호출하면 그 즉시 임시 노동계약이 이루어지고 서비스가 제공되는 온디맨드(on-demand) 노동계약－옮긴이
•• 말 그대로 스스로를 고용한 사업자란 뜻이기 때문에 '자영업자'라고 번역할 수 있으나 이 경우 스스로 원해서 자영업자가 된 적극적 사업자와, 플랫폼 사업자 등이 그러한 뒤틀린 고용형태를 강요함에 따라 타의에 의해 자영업자가 된 소극적 사업자를 구분할 수 없으므로 자의에 의한 것이 아니라는 점을 분명히 함－옮긴이

불안정한 임시계약직경제의 동의어나 마찬가지였다.

- **핵심 분야**: 운송, 유통

- **주요 유형**: 생산자주도 협동조합

- **기존 플랫폼**: 우버, 딜리버루

- **신생 플랫폼 협동조합**: 그린택시협동조합 Green Taxi Co-operative

협동조합과
플랫폼 경제

아직 초기 단계지만, 세계 곳곳에서 기술·사회변화·협동조합 부문의 사람들을 중심으로 플랫폼 협동조합 모델과 관련한 여러 가지 시도들이 일어나고 있으며, 이는 국제적 운동으로 발전해갈 조짐이 보인다. 학자 겸 활동가인 트레버 숄츠는 플랫폼 협동조합운동 개념을 개발하고 네이슨 슈나이더와 함께 플랫폼 협동조합 모델을 대중화시켜 플랫폼 협동조합운동 컨소시엄 Platform Cooperativism Consortium 을 결성하였다. 이 컨소시엄은 학계, 플랫폼 협동조합 기업, 소프트웨어 개발자, 예술가, 디자이너, 변호사, 활동가, 정책조정자, 출판매체, 자금제공자 등 여러 분야의 주요 기여자들과 더불어 성장하고 있는 글로벌 생태계의 성장과 확대를 가속화하고 있다.

플랫폼 협동조합운동 컨소시엄은 최근 플랫폼 협동조합 개발 키트를 만들기 위해 구글(google.org)에게서 1백만 달러의 보조금을 받기도 했다. 이 키트는 "미국·브라질·호주·독일·인도의 보육, 노인 돌봄, 가사 서비스, 재활용 등의 부문에서 일하는 플랫폼 협동조합들을 지원할 오픈소스 툴의 설계 및 디지털 경제의 비판적 분석 작업에 특히" 초점을 둘 것이다(The New School, 2018). 이 키트를 영국에 적용할 방안을 찾아볼 가치가 있겠다고 생각한 영국 노동당 소속의 그림자 내각 재무장관 존 맥도넬 하원의원이 이 기획을 기꺼이 수용해주었다.

그러나 영국의 플랫폼 협동조합들은 그 수도 적고 규모도 한계가 있어 이 운동은 아직 소수의 사례에 머물러 있다. 영국의 경우 플랫폼 협동조합이 창업 단계 또는 심지어 예비 창업 단계에서 벗어나 사업을 꾸준히 유지하는 경우가 드물다. 근본적으로, 여러 가지 다양한 문제들이 겹쳐서 지금껏 플랫폼 협동조합 모델의 성장을 가로막아 왔다고 할 수 있다.

플랫폼 협동조합이 해결해야 할
도전 과제

협동조합이 고위험 부문에서 융성한 예는 거의 없다. 19세기에 협동조합은 철도 부문 진입을 꺼렸는데, 이는 철도 부문의 초기 진입 비용이 높고 실패가 빈번했기 때문이다. 일반적으로 관계 형성이 일시적이거나 업무 중심일 경우 또는 금융자본 요건이 높을 경우, 협동조합을 통한 사업은 별로 권장되지 않았다. 이는 제약製藥이나 자동차 산업 등의 업계에 협동조합이 없는 이유를 잘 설명해준다.

현재 플랫폼 협동조합들은 벤처캐피탈 금융의 지원을 받아 성장한 우버나 에어비앤비 같은 거대 기술기업들이 이미 장악하고 있는 분야에 진입하려고 시도하면서 비슷한 어려움을 겪고 있다. 이와 관련하여 가장 시급하게 해결해야 할 문제는 다음과 같다.

1. 거버넌스

일반적으로 플랫폼 협동조합은 지역 기반 공동체가 아니기 때문에 이해관계자 간의 관심사가 서로 다를 수 있고, 이로 인해 조직에 문제가 생길 수 있다.

2. 기술

플랫폼 협동조합들은 데이터 분석과 인공지능 같은, 거대 기술기업이나 감시 자본주의의 동의어처럼 되어버린 일부 기술을 사용하지 않고 싶어 할 수 있다. 또한 자본 부족으로 인해 플랫폼과 지원 인프라를 상업 플랫폼과 같은 수준으로 구축하기 어려워, 사용자 경험 측면에서 소비자의 기대를 충족시키기 어렵다.

3. 성장

플랫폼 협동조합들이 기존 플랫폼 기업들의 성장 전략을 따라 할 수 있을 것으로 보기는 어렵다. 따라서 시장 진입과 위상 강화에 박차를 가하는, 자연스런 네트워크 효과를 만들어내기도 어려울 것이다.

4. 자본

창업기업의 자금조달은 주로 벤처캐피탈에 의지하며, 벤처캐피탈은 보통 높은 미래 수익 가능성 및 투자자가 기업의 통제권을 가질 것을 요구한다. 그렇기 때문에 사업모델이 오로지 수익만을 추구하지는 않는다는 점은 플랫폼 협동조합들이 성장을 위해 필요한 자본을 확보하기가 상당히 어렵다는 것을 의미한다.

자본 마련이라는
난제 풀기

플랫폼 협동조합 부문의 성장을 위해 해결해야 할 가장 분명한 과제는 자본조달이다. 오늘날 아주 큰 규모의 몇몇 플랫폼 뒤에 있는 벤처캐피탈 모델은 협동조합에서 불편해하는, 쉽게 말하자면 받아들일 수 없는 몇 가지 속성을 지니고 있다.

- 투자자들은 하나만 제대로 성공시키면 투자금을 회수할 수 있다는 생각으로 다양한 회사들을 상대로 큰 위험을 감수한다.
- 투자자들은 회사의 여러 발전 단계에 맞춰 다양한 위험 수용범위^{risk appetites}에 맞춰 투자할 수 있다.[엔젤, 벤처캐피탈, 사모펀

- 투자자들은 애초에 기업의 수익으로 보상을 얻으려 하지 않는다. 지분 매각을 통해 돈을 회수한다.
- 대체로 투자자들은 위험을 감수하며 기업에 투자할 자금을 조성할 때 지금까지 부를 창출해온 내력보다는 투기적 미래 가치에 의존한다.

결정적으로 협동조합은 벤처캐피탈 모델이 갖고 있는 것과 같은, 위험의 감수와 공유 또는 미래에 창출될 기대 수익을 현재 가치로 환산하는 데 필요한 수단을 가지고 있지 않다. 그래서 대규모 투자를 유치하기 어렵기 때문에 최근의 고성장 기술 플랫폼 모델 같은 자본집약적 산업의 경우 협동조합은 의미 있는 규모의 거래가 없음을 확인할 수 있다.

거대 기술기업을 대체할 실현 가능한 협동조합적 대안을 만들어내려면 이러한 수단을 협동조합의 가치에 부합하도록 복제할 방법, 또는 근본적으로 다른 접근 방안을 찾아내야 한다.

새로운 금융 모델은 협동조합이 다른 부문들에서 성공을 거둘 수 있게 해준 협동조합의 장점 위에 구축되어야 한다. 일반적으로 협동조합은 투자처로서는 다른 형태의 비즈니스에 비해 덜 위험하고 회복탄력성은 더 크다. 협동조합은 비즈니스를 형성하는 다양한 이해관계자(노동자, 소비자)들 간에 강한 유대관계를 형성하는, 상향식 및 필요기반 벤처인 경우가 많기 때문이다. 이러한 특성은 기존 벤처캐피탈 투자자들로 하여금 다양한 우선순위를 두고 자금지원 모델$^{funding model}$* 에 투자할 기회를 열어주고 있다.

---

* 여기서 말하는 자금지원이란 상업투자 영역에서의 '이익을 위해 자금을 투자하여 사업을 지원한다'는 의미가 아니라 무상의 원조금이나 지원금을 의미한다. - 옮긴이

새로운 자금지원 모델에 대한
제안과 전망

　플랫폼 협동조합에 상업적 투자 모델을 적용하는 것은 확실히 불가능해 보인다. 따라서 금융 수익만을 추구하는 상업적 투자 모델 대신, 그 이상의 것을 목표로 삼는 투자처를 찾아야 한다. 이러한 금융상품 및 모델은 지금 성장하고 있는 사회투자 시장을 보완할 수 있을 것이다.

　현재 사회적 지향을 지닌 기업이나 프로젝트가 순조롭게 출발하여 규모를 키울 수 있도록 돕는 여러 가지 사회투자 상품이 있다. 그러나 대부분의 사회투자 수단은 처음부터 규모를 고려해야 하는 플랫폼 협동조합에는 적합하지 않을 것이다. 사회성과연계채권Social Impact Bonds*은 공공 서비스에 대한 예방적 접근, 보통은 그중에서도 혁신적인 방안에 자금을 지원하기 위해 설계된 것으로, 플랫폼 협동조합이 하는 사업이나 역할에는 맞지 않는다. 인내자본^{patient capital}이나 준지분^{quasi-equity}** 같은 다른 수단들은 채권 발행을 통한 자금조달과 너무 비슷해서 플랫폼 협동조합의 필요를 충족하기에는 그리 마땅치 않아 보인다.

이 책에서는 플랫폼 협동조합들이 출금가능주식^{withdrawable share}***을 이용해볼 것을 제안한다. 출금가능주식은 '규모화'라는 플랫폼 협동조합의 구체적 필요에 맞는, 새로운 유형의 사회투자 기회를 상징한다고 할 수 있다

영국의 협동조합연합회인 '코퍼라티브즈UK'와 영국 내 지역 공동체를 지원하는 대표적 민간기구인 '로컬리티^{Locality}' 및 다른 여러 조직들은 출금가능주식 모델을 개발하기 위해 지난 10년간 긴밀히 협력해왔다. 다시 말해 영국 내 공동체협동조합^{community cooperatives}들이 출금가능주식을 이용하여 인내자본 및 협의된 위

• 다양한 사회문제 해결을 목적으로 하는 사회투자의 한 형태로, 신뢰도가 높은 국가 등의 발행주체가 채권을 발행하고 목표로 하는 사회문제의 해결 정도에 따라 채권을 매입한 투자자에게 보상을 실시하는 금융상품-옮긴이
•• 부채와 주식(지분)의 중간 형태로, 피투자자가 지분을 내어줄 수 없는 법적 형태거나 금융권 대출 이용이 힘든 경우 미래에 수익이 발생하면 약정 비율에 맞춰 이익을 지급하는 금융도구-옮긴이
••• 양도할 수 없고, 정관이나 규칙 등에 규정된 바에 따라 출금/인출은 가능한 주식(지분). 52쪽의 용어 해설 참조-옮긴이

험자본에 접근할 수 있도록 '공동체주식'이라는 개념을 중심으로 협의를 해왔다.

공동체주식은 비교적 단기간에 단독으로 강력한 브랜드 정체성[BI]을 형성해냈다. 공동체주식은 500개 이상의 기업들이 영국 전역에 있는 15만 명 이상의 투자자들에게서 1억5천만 파운드가 넘는 돈을 조달하는, 지역사회 서비스 제공 기업들 다수가 선택하는 금융 모델이 되었다(Community Share Unit, 2018).

우리는 지역사회의 경계를 뛰어넘어 비즈니스 활동을 수행하는 플랫폼 협동조합에 초점을 맞춰 공동체주식 모델을 보완하는 브랜드를 개발할 수 있다고 믿는다. 이는 공동체주식을 특징짓는 조건들을 바탕으로 하겠지만 아마도 '상호주식[mutual shares]'이라는 기치 아래 그 정체성을 가지게 될 것이다.

플랫폼 협동조합의 상호주식

'상호주식'은 공동체주식의 특징과 동일하게 다음의 조건을 바탕으로 운용될 것이다.

- 1주 1표가 아니라 1인 1표의 실천을 통해 이루어지는 민

주적 관리

- 조합원 1인의 투자액에 한도를 둠으로써 특정 조합원이 협동조합에 대해 과도한 영향력을 행사하는 것을 방지
- 자본에 대한 이자 형태의 보상을 필요 자본의 유치와 유지에 충분한 정도 이상 지급하지 않도록 제한
- 협동조합 이사회의 재량에 따라, 협동조합의 최선의 이익을 보호하는 조건하에 납입액 수준 또는 그 이하로 주식자본을 출금할 권리
- 소유권과 관련된 모든 형태의 자본 이익 또는 기업의 잔여자산 등에 대한 조합원이나 주주의 권리 없음(이를 '자산동결 asset-locked'이라 함)

상호주식 모델을 플랫폼 협동조합에 적용한다면 위와 같은 방식으로 작동하되, 한 가지 주요한 차이점이 있을 것이다. 법적으로 협동조합은 거래관계에 있는 사람들에게 배당금을 지급할 수 있다는 점이다. 예를 들어 상점을 운영하는 협동조합이라면 상점에서 물품을 팔거나 물건을 사는 사람 모두가 이에 해당한다. 하지만 기관투자자(즉, 사회적 투자자)의 경우 협동조합과 거래관계에 있지 않으므로 배당금을 지급받을 수 없을 것이다.

어쨌든 배당금 지급의 장점은 판매자와 구매자, 그리고 협동

조합 내부 조합원들이 투자를 좀 더 매력적으로 받아들이게끔 해준다는 것이다. 기관투자자가 빠져나가며 생긴 틈을 메울 다른 일반 투자자들의 자금 공급이 절실히 필요한 상황에서는 내부 조합원들의 투자가 협동조합이 맞닥뜨린 유동성 문제를 해결하는 데 도움이 된다.

협동조합과 거래관계에 있는 조합원들이 자신의 배당금을 재투자함으로써 협동조합에 금융 지분을 형성하도록 장려하는 것도 필요하다. 협동조합의 자본 유동성은 거래관계에 있는 조합원의 자본 재투자 및 투자자 조합원이 제공하는 자본금 덕분에 개선되었다. 이러한 점에 견주어볼 때 플랫폼 협동조합의 설립과 성장에 필요한 창업자금을 제공하는 기관투자의 경우 인내자본으로서의 범위에 한계가 있음을 알 수 있다. 결과적으로 플랫폼 협동조합은 배당금 지급을 함으로써 신규 조합원과 새로운 투자자를 모을 수 있게 될 것이다. 그리고 이 신규 조합원들이 자신의 배당금을 재투자함으로써 기관투자금을 천천히 갚아나가고 자본을 재순환시킬 수 있다.

이는 본질적으로 투자자들이 적은 투자 수익에 만족하고 자신들의 자본 이익을 유보하면서 기업에 안정적인 장기 위험자본을 제공하는, 순수한 사회투자 형태와 비슷하다. 공동체주식 시장은 기꺼이 이러한 조건을 전제로 참여할 의사가 있는 진정한 사회투자자의 기반이 있음을 보여준다. 이제 막 시작되는 플랫폼 협동조합이라는 터에 기존의 것에 상응하는 장외場外시장과 제도적 요소를 구축하는 것은 풀어야 할 과제이자 기회다.

플랫폼 협동조합에 적용한
이론상의 창업기업 재무 흐름

그림 2는 플랫폼 협동조합 창업기업의 재무 흐름을 이론상으로 나타낸 것이다. 이는 벤처캐피탈의 지원을 받는 전형적인 자금조달 모델을 나타내는 일반적 형태의 다이어그램을 응용한 것으로, 일반 창업기업에 상응하는 플랫폼 협동조합의 자금조달 계획을 제시하기 위해 재구성한 것이다. 여기서 앞서 언급한 기관투자 기금(가칭 '플랫폼 협동조합 기금Platform Co-op Fund')은 초기 단계의 창업자금 제공에 해당하며, 이는 기존의 기술 창업기업들이 확보하는 엔젤 투자에 상응하는 것이다.

이렇게 설계하는 이유는, 이것이 플랫폼 협동조합들로 하여금 (주식) 거래 전의 '죽음의 계곡Valley of death'을 잘 헤쳐 나와 수익을 내고 상호주식 공모公募를 통해 플랫폼 이용자들에게서 투자금을 모을 수 있는 지점에 이르도록 하는 데 도움이 될 것이기 때문이다. 이는 공동체 기업 시장에 출시되었던 파이오니어 공동체주식[pioneer community share]* 및 기간한정형 공동체주식[time-bound community share]** 발행 사례와 비슷하다. 특정 상황에서, 이러한 공모를 통해 기관투자가 이루어지고 자본이 재순환되는 경우도 있을 수 있다.

그림 2 ▪ 플랫폼 협동조합에 가상으로 적용해본 창업기업 재무 흐름

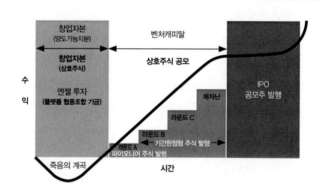

---

* 52쪽에 있는 주요 용어 해설 참고−옮긴이
** 앞과 같음

결국 플랫폼 협동조합은 조합원이 자유로이 가입 혹은 탈퇴를 할 수 있고 주식 자본을 투자 또는 회수할 수 있게 해주는 공모주 발행^{open offer}*으로 이행하여 유동성을 늘리는 것을 기대해 볼 수 있다. 사실상 이는 기업공개를 통해 주식 시장에 상장된 기술기업들이 성취한 유동성 지원제도에 상응하는 것을 제공한다.

---

* 앞과 같음

출금가능주식 자본에 관한
주요 용어

- **출금가능주식**withdrawable shares 협동조합과 공동체공제조합 특유의 주식 자본 유형으로, 조합원들은 조합의 규칙에 명시된 조건에 따라 자신의 주식 자본을 출금할 수 있다. 이 조건에는 일반적으로 최소 출금고지 기간, 그리고 이사(理事)가 판단할 때 조합의 재정을 위태롭게 할 수 있다고 생각될 경우 출금을 중지하는 조항도 포함된다. 출금가능주식의 가치는 올라갈 수 없고, 일부 조합들은 실적이 좋지 않을 경우 주식 가치를 경감할 수 있는 규칙이 있다.

- **공동체주식**Community Shares 커뮤니티셰어유닛은 공동체주식에 대해 "자산동결 공제조합의 출금 가능하며 양도 불가능한 주식 자본"이라고 정의한다. 즉, 매각 또는 양도할 수 없지만 출금과 재납부가 가능하며, 사적 개인의 이익을 위해 자산이 사용되지 못하도록 막는 법적 보호장치를 갖춘 조직에서 보유하는 주식 지분이다.

- **파이오니어 주식 발행**Pioneer offer 조직의 투자적합도 준비에 수반되는 연구 및 개발 비용을 충당하기 위해 현금을 모금할 목적으로 초고위험 유형의 주식

---

* pioneer community share. 시장조사비용, 법무비용, IR자료 제작비용 등 투자적합도(Investment readiness level)를 올리기 위한 준비 과정에 필요한 자금을 모으기 위해 출금이 무기한 정지되는 조건으로 발행되는 초고위험 주식으로, 공개 모집을 하는 것이 아니라 소수의 지지자들을 상대로 여러 가지 우선권을 부여하여 발행한다.(단, 이런 분류와 정의는 시장 관행에 따른 것일 뿐 법적 정의는 아님) https://communityshares.org.uk/resources/handbook/guiding-principles-2-옮긴이

을 발행하는 것을 말한다.

▪ **기간한정형 주식** ** **발행**Time-bound offer 주요 투자 프로젝트의 자금을 조달하고
자 정해진 날짜 안에 정해진 금액을 모으기 위해 주식을 발행하는 것이다. 기
간한정형 주식 발행은 창업자금이 필요한 조직 또는 성장계획을 실행하고자
하는 기존 조직에서 시행할 수 있다. 모금 목표를 달성하지 못할 경우 모금액
은 환불해야 하며 다른 목적을 위해 사용할 수 없다.

▪ **공모주 발행**open offer** (주식) 거래 이력이 있는 조직에서만 시행할 수 있는
유형의 주식 발행이다. 기간한정형 주식 발행과 달리 목표 금액이나 기간 제한
이 없다.

• time-bound community share. 일반적으로 투자 목적이 실현될 때까지 출금이 정지된다.─옮긴이
•• 조합원과 투자금을 늘려 유동성을 확보하기 위한 것. 이를 통해 조합원 가입과 탈퇴가 자유로워지
고, 조합원의 조합에 대한 투자 또는 주식자본 출금이 가능해진다. 확보된 자금은 정관상 목적사업 외
용도로 사용할 수 없다.─옮긴이

이퀄 돌봄협동조합과
플랫폼 협동조합 기금 시범운영

이퀄 돌봄협동조합은 돌봄 제공자와 수혜자 모두가 함께 책임지는, 공동 소유의 새로운 사회복지 플랫폼을 만들어나가고 있다. 다중이해관계자협동조합으로 설립했기 때문에, 이퀄 돌봄협동조합의 디지털 제품과 그에 수반되는 서비스는 이를 이용하고 유지하는 여러 공동체가 소유하고 책임진다. 이들은 사회복지 시스템 내부의 제도적 불평등에 대응하다가 플랫폼 협동조합 모델에 다다랐고, 이 모델이 돌봄에서 가장 중요한 두 주체, 즉 도움을 주는 사람과 받는 사람에게 선택과 힘과 소유권을 집중시켜주는 실질적 방법이라고 보고 있다.

이 플랫폼 협동조합 모델은 일선에 있는 돌봄 노동자들이 통상 지급되는 기존 임금의 범위 안에서 가능한 한 많은 급여를 보장받도록 하고 있다. 이퀄 돌봄협동조합은 플랫폼의 효율성 및 협동조합 방식과 노동자 자주관리* 방식을 통해, 신규 돌봄 노동자에게 지급하려 했던 연간 최소 2만 파운드의 임금을 지불할 수 있었다(앞에서 이야기한 산업 일반 평균보다 25% 높은 금액).

이퀄 돌봄협동조합은 지금까지의 도움에 힘입어 소규모의 돌봄 노동자와 이용자들과 함께 최소기능 제품Minimum Viable Product, MVP** 운영을 시작했고, 잉

---

* self−management. 노동자가 관리주체가 되어 기업을 관리하는 것−옮긴이
** 고객의 피드백을 받아 최소한의 기능features을 구현한 제품을 말하며, 정말 최소한의 기능으로 제품 형태만 완성해 공개하는 완성도 낮은low-fidelity MVP와 양산 직전의 상태에 가까운 완성도 높은high-fidelity MVP로 나뉜다.−옮긴이

글랜드 북부의 웨스트요크셔 주에 있는 어퍼 캘더 밸리Upper Calder Valley의 시범 운영지역에서 사용자 연구 및 실행 가능성 분석을 수행했다. 그리고 지금은 자체 기술 구축에 필요한 초기 창업 투자금을 모으는 한편, 다른 지역의 지역사회 주도형 이웃 돌봄 서비스 개발에 자금을 투입하기 위한 출금가능주식 발행을 위해 노력하고 있다.

코퍼라티브즈UK는 오픈 소사이어티 재단Open Society Foundations의 지원으로 이 책에서 제시한 조건에 따라 이퀄 돌봄협동조합에 기관투자를 하고 있으며 이는 출금가능주식 자본 형태의 초기창업투자금seed investment이다. 이 기관투자금을 상환하기 위해 이퀄 돌봄협동조합은 더 많은 조합원을 확보하고 향후 조합원들의 배당금 재투자를 유도할 수 있는 주식 공모(公募)에 대해 구체적으로 검토하고 있다.

출금가능주식 모델 도입을 위한 과제

　플랫폼 협동조합의 성장을 위한 자본의 원천으로서 출금가능주식은 장점이 많은 모델이지만 만병통치약은 아니다. 다음 몇 가지 과제를 인정하고 해결해야 한다.

- 이 모델에 자금을 투자할 만한 기관투자처에 대한 현실적 인식이 필요하다. 상업적 이익이 미미할 것으로 예상되면 투자자 후보군은 아마도 사회투자자, 신탁, 재단, 자선가 등으로 제한될 것이다. 이런 유형의 투자자들은 상업적 이익이 적은 조건에 대해 자신들의 미션과 목표에 부합한다면 투자의 빗장을 풀 수 있는, 상환 가능성이 있는 보조금 정도로 바라볼 것이다.
- 기관투자 시장의 잠재 규모가 어느 정도일지 분명하지 않지만 벤처캐피탈의 자금지원 규모와 견줄 수 있을 가능성은 매우 낮다. 이는 플랫폼 협동조합에게 제한적 조건일 수 있다.
- 거론할 만한 성공적 시범사례가 없는 경우, 다양하고 상이한 플랫폼 협동조합 유형 전반에 걸쳐 이 자금지원 모델의 실행 가능성을 시험하기 위한 실험적 기금이 필요하다. 이

는 향후 투자자들이 위험수준, 수익률, 유동성, 투자회수를
위한 기간 등을 추정하는 데 도움이 될 것이다.

플랫폼 협동조합의 번영을 위한
주요 과제

플랫폼 협동조합 모델이 디지털 경제의 일부로서 번영을 도모할 수 있도록 주요 과제 및 가능성 있는 향후 방안을 제시하려 한다. 성공의 열쇠는 가장 중요한 문제인, 자본이라는 어려운 과제를 해결하는 데 있다.

이러한 목적을 달성하기 위해, 우리 앞에 놓인 중요한 목표 네 가지를 밝힌다.

1.

영국의 신생 플랫폼 협동조합을 지원하기 위해, 앞에서 제시한 조건에 따라 첫 인내창업자본 1백만 파운드 투입을 촉진

하는 플랫폼 협동조합 기금의 조성을 요청한다. 자본을 어떤 단계에서 어떤 조건으로 어떻게 모으는지를 비롯해, 참여적 소유를 뚜렷한 특징으로 하는 기업에 자본을 투입하는 방법을 실험하고 배울 필요가 있다. 코퍼라티브즈UK와 오픈 소사이어티 재단이 함께 시도하고 있는 시범사업으로 이러한 학습이 시작되기를 바란다. 하지만 나머지 사회투자 부문에서 이 개념에 대해 느끼는 재무적 위험성을 효과적으로 해소하기 위해서는 좀 더 광범위한 사회투자자들을 대상으로 인식을 높여나가야 한다.

2.

인식을 높이는 것 외에도 신생 플랫폼 협동조합들에게 마침맞은 도움과 자문을 제공하는, 자금지원 모델로 발전할 가능성이 있는 모든 시도에 대한 보완적 활동을 개발해야 한다. 현재 미국과 호주에서 수많은 '창업육성기획류의^{accelerator-like}' 프로그램들이 시도되고 있으며, 코퍼라티브즈UK는 2018년에 영국 최초의 플랫폼 협동조합 전용 지원 프로그램인 언파운드^{UnFound} 개발을 주도한 바 있다. 플랫폼 협동조합 개발 키트 프로젝트에 관여하는 것을 비롯해, 국제적으로 교훈이 될 만한 후속 창업육성기획 제안을 탐색해봐야 한다.

3.

플랫폼 협동조합에 대한 인식이 점점 높아지고는 있지만 예비 창업자, 더 나아가 기술창업 생태계 전반에 이 모델을 더 많이 알리는 것이 중요하다. 코퍼라티브즈UK는 사회 지향적인 초기 단계 창업기업들을 대상으로 전국을 돌며 로드쇼 (투자설명회)를 열어 이에 적극 앞장서고 있다. 2019년에는 영국 전역의 다양한 기술 인큐베이터와 창업기업을 상대로 비공식적인 정보 제공 시간을 갖고 이 모델을 소개하려 한다. 이제 더 많은 파트너 단체 및 이해관계자들과 연계해 이 캠페인을 확대해나간다면 기술커뮤니티 내에서 더 멀리 손을 뻗칠 수 있을 것이다. 이것이 결국 플랫폼 협동조합 기금에 적절한 '수요 견인' 역할을 해서 이 분야에 더 많은 투자를 이끌어내기를 바란다.

4.

이 책에서 이야기하는 내용과 제안은 창업기업이 창업자금에 접근하는 역량을 높이는 데 초점을 두고 있다. 그러나 지금까지의 자금지원 모델이 자신들의 미션 중심, 목적 중심의 목표를 훼손하는 것에 환멸을 느낀 기존 기술기업들이 참여할 가능성도 있다. 따라서 협동조합 구조 채택을 고려중인 기존의 기술기업에 이 책에서 제안한 여러 자본 모델을 어떻게 적용할지에 대해 좀 더 자세히 살펴봐야 한다.

맺으며

소수의 대기업이 소유한 디지털 플랫폼을 통해 업무와 자원을 관리하는 사람들이 점점 더 늘고 있다. 이러한 플랫폼은 전례 없는 유연성과 독립성을 제공해주지만, 동시에 착취를 수반하기도 한다.

상당한 금액의 벤처캐피탈 자금을 투입해 적어도 부분적으로는 달성된, 디지털 경제에서는 명백하게 확인되는 네트워크 효과는 몇몇 거대 기술기업들의 독점을 불러왔다. 그리고 사람들로 하여금 지금의 모델을 대체할 어떤 대안도 상상하기 어렵게 하고 있다. 그러나 플랫폼 협동조합은 이러한 모델을 대체할 정말로 실질적인 대안을 보여준다.

세계에서 손꼽히는 큰 규모의 협동조합 기업들은 아날로그

중심으로 운영되며 국제적인 성격보다는 국내 기반의 성격을 띤, 전형적인 옛날식 기업이다. 이는 일반적으로 사람들이 지역 또는 국가 차원의 필요에 대응하기 위해 협동조합이라는 방식을 통해 민주적으로 단결해왔음을 반영한다. 이런 협동조합들은 대개 성장이 느린 경향이 있으며, 어느 정도 자본에 대한 접근이 제한된다는 특징을 지닌다.

협동조합 공동체와, 플랫폼 협동조합들이 확장성 있는 기술과 신규 서비스 창출을 통해 제공하게 될 것들 사이에는 현재 큰 간극이 있다. 벤처캐피탈이 신기술과 투자 기회에 대해 성공적으로 학습했던 것처럼(그 과정에서 시장의 거품과 다양한 실패들로 인한 수업료를 치르긴 했지만), 협동조합 운동을 전개하려는 사람들도 새로운 교훈을 배우고 실험할 필요가 있다.

그러려면 협동조합의 장점이 지니는 잠재력을 이해하고, 플랫폼 협동조합이 취할 수 있는 다양한 형태에 대해 탐구해야 한다. 이는 플랫폼 협동조합 부문의 확장에 대한 한계와 과제를 인식한다는 뜻이기도 하다. 가장 중요한 것은 신생 플랫폼 협동조합에 더 많은 자본을 투입할 방법을 찾는 것이다. 공동체주식의 성공에서 이끌어낸 새로운 모델이 이를 달성하기 위한 한 가지 실행 가능한 방법이 될 것이다.

협동조합 부문은 플랫폼 경제에 참여하고 그 안에서 경쟁할

맺으며

63

방법을 찾아야 하며, 결국 반드시 이 새로운 출금가능주식 모델
을 상업적으로 이용할 수 있게 될 것이다

기초연구

    2018년 내내 코퍼라티브즈UK와 네스타는 플랫폼 협동조합의 성장 가능성과 이를 가로막는 장벽에 대해 탐구하기 위해 주요 전문가 및 실무진과 함께 수차례 워크숍과 비공식 인터뷰를 진행했다.

    그 과정에서 광범위한 조사를 하고 심층적으로 문헌을 검토하였다. 이 모든 일들이 우리의 연구와 결론을 뒷받침하고 있으며 이 책에서 소개한 제안사항을 내오는 데 결정적인 도움이 되었다.

    다음은 기초연구에 참여한 이들로, 이들에게 감사의 마음을 전한다.

가브리엘라 매틱Gabriela Matic, 이그나이트Ignite

그레이엄 미첼Graham Mitchell, 엠시스리쿱MC3 Co-op

네이슨 워너Nathan Warner, 쿱디지털Co-op Digital

덩컨 매켄Duncan McCann, 신경제재단New Economics Foundation

데이비드 브라이트David Bright, 오픈 소사이어티 재단

디아나 게레로Diana Guerrero, 오픈 소사이어티 재단

로리 스콧Rory Scott, 오픈데이터 서비스 협동조합Open Data Services Co-op

린다 발로Linda Barlow, 코퍼라티브즈UK

마크 시먼즈Mark Simmonds, 쿱컬처Co-op Culture

모티어 라만Mothiur Rahman, 슈마허 대학

베단 헌트Bethan Hunt, 코퍼라티브즈UK

베아트리스 타데마Beatriz Tadema, 슈마허 대학

비비안 우델Vivian Woodell, 협동조합혁신재단Foundation for Co-operative Innovation

앨리스 케이시Alice Casey, 네스타

에드 메이오Ed Mayo, 코퍼라티브즈UK

에마 레이콕Emma Laycock, 코퍼라티브즈UK

에마 백Emma Back, 이퀄 돌봄협동조합

올리버 실베스터 브래들리Oliver Sylvester-Bradley, 오픈 협동조합Open Co-operative

유호 마코넨Juho Makkonen, 셰어 트라이브Share Tribe

이안 드라이스데일Ian Drysdale, 쿱디지털

제너비브 메이틀랜드 허드슨Genevieve Maitland Hudson, 소셜 인베스트먼트 비즈니스
Social Investment Business

제니 로이드Jenni Lloyd, 네스타

제스 토머스Jess Thomas, 코퍼라티브즈UK

제임스 드 르 빈James de le Vingne, 코퍼라티브즈UK

제임스 라이스James Rice, 쿱디지털

제임스 라이트James Wright, 코퍼라티브즈UK

제프 멀건Geoff Mulgan, 네스타

조너선 본Jonathan Bone, 네스타

조너선 블랜드Jonathan Bland, 소셜비즈니스 인터내셔널Social Business International

조니 고든 팔리Jonny Gordon-Farleigh, 스터 투 액션Stir to Action

줄리언 톰프슨Julian Thompson, 셰어드 애셋Shared Assets

짐 브라운Jim Brown, 베이커 브라운 어소시에이츠Baker Brown Associates

테리 틸데슬리Terry Tyldesley, 레소네이트

토머스 발로Thomas Barlow, 미디어펀드The Media Fund

톰 시먼스Tom Symons, 네스타

트레버 숄츠Prof. Dr. Trebor Scholz, 뉴스쿨

폴 도널리Paul Donnelly, 피지오 퍼스트Physio First

폴 머피Paul Murphy, 코퍼라티브즈UK

피트 버든Pete Burden, 아웃랜디시Outlandish

기초연구

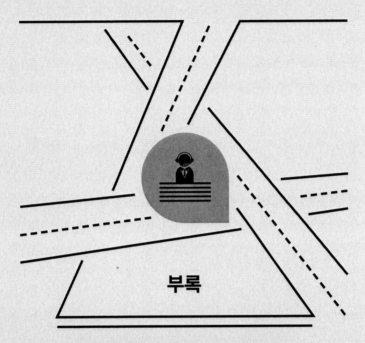

부록

플랫폼 경제의 확산,
사회적경제는
어떻게 대응할 것인가

최영미(한국가사노동자협회 대표)

플랫폼 경제의 확산과 사회 갈등

  IT 기술의 발전이 대공장 중심의 전통적 경제를 변모시킨 뒤로 상당한 시간이 흘렀고 그 변화 속도는 날이 갈수록 빨라지고 있다. 하지만 기존 법제도는 변화의 속도를 따라잡지 못해 사회적으로 다양한 갈등이 벌어지고 있으며, 그 대표적인 예가 '플랫폼 경제'를 둘러싼 논란이다.

  '플랫폼 경제'와 관련된 사회 갈등과 쟁점은 두 가지 방향으로 전개되고 있다. 하나는 산업적 측면이다. 카카오의 카풀 서비스 도입으로 시작된 택시업계의 반발과 기사들의 분신은 사회 갈등을 본격화하는 신호탄이었으며, 이를 배경으로 지난 2019년 8월 국회에서는 사실상 카풀 서비스를 금지하는 법안이 통과되었다. 이어 10월에는 그동안 혁신의 아이콘으로 불리던 대표적인 승차공유 모빌리티 스타트업 '타다' 대표가 여객자동차운수사업법 위반으로 불구속 기소되었다. 스타트업들은 이러한 조치가 '혁신'기업과 혁신 서비스에 대한 몰이해에서 비롯된 것이며 스타트업 생태계를 질식시키는 것이라고 강력히 반발하고 있다. 이에 대해 택시업계는 이들이 불법운송 행위를 '혁신'의 아이콘으로 위장하여 세금과 규제를 회피하고 있으며, 노동법의 보호를 받지 못하는 불안정 노동을 양산하고 있다며

강력히 비판한다.

다른 하나는 노동의 측면이다. 플랫폼 경제가 확산된다는 것은 거기에 참여하는 사람들이 늘어나고 있다는 뜻이다. 2019년 8월, 한국고용정보원은 처음으로 우리나라의 플랫폼 경제 종사자 규모를 추정하는 통계와 실태조사 결과를 발표하였다. 이때 플랫폼 경제 종사자란 '디지털 플랫폼의 중개를 통해 고객에게 유급노동을 제공하여 일자리(일거리)를 얻는' 사람을 말하며, 그 수는 약 47만 명에서 54만 명으로 추정되었다. 이는 우리나라의 취업자 대비 1.7~2.0%에 해당하는 수치로서, 미국보다는 약간 높고 유럽보다는 매우 낮은 비중이다.(플랫폼 종사자의 기준에 관해서는 아직 국내외를 통틀어 합의된 기준이 없기 때문에 연구자에 따라 다른 수치를 보이는 것이 보통이다.) 하지만 한국의 택시 노동자가 약 11만 명이라는 것에 비추어 보면 무시할 수 없는 숫자이다.

더 큰 문제는 플랫폼 종사자들의 열악한 처지이다. 플랫폼 노동자들은 대부분 호출형 근로자로서 크게 대리운전, 가사 서비스, 배달 서비스(퀵·음식배달)로 나뉘며, 절반 이상이 5, 60대 중고령자들로 추정된다. 최근 프리랜서 노동 역시 사회 이슈로 떠오르고 있는데, 실제로 문화예술 및 IT 분야의 프리랜서뿐 아니라 많은 청년들이 크몽, 오투잡, 과외 전문 중개플랫폼을 통해 일자리(일거리)를 얻고 있다. 이러한 직종은 플랫폼 도입 이전에도 특수고용, 비공식 부문으로 불리며 노동법과 사회보장의 사각지대에 놓여 있었다. 여기에 플랫폼, 곧 복수의 중개업체가 개입함으로써 수수료가 상승하고 일회성 호출이 증가하여 고용 불안은 더욱 심각해지고 있다. 또한 고객 평점에 따른 근무관리는 종사자들의 업무 스트레스를 가중시키고 있다.

한편 한국과학기술정보원은 2016년 보고서에서 플랫폼 경제의 주요 축인 O2O 시장(국내)이 2016년 2조1천억 원에서 2020년 8조7천억 원으로 급증할 것으로 전망했다. 그리고 한국고용정보원은 2018년 '미래 직업세계' 연구보고서에서 플랫폼 노동 증가에 따른 특수고용 종사자 확산을 2020년 미래 이슈 1위로 꼽았다.

이와 더불어 주의 깊게 살펴봐야 할 것은 용어와 개념의 문제다. 플랫폼 경제와 관련해서 너무 많은 용어가 제대로 검토되지 않은 채 마구 쓰이고 있다. 대표적인 것이 '혁신'과 '공유'다.

최근 이야기되는 플랫폼은 말 그대로 '디지털 플랫폼', 곧 '디지털 기술'에 의해 '온라인'상에서 공급자와 수요자, 생산자와 소비자를 이어주는 일종의 중개소이다. 중개방식에 따라 온라인에서 주문된 물품이나 서비스가 온라인상으로 수요자(소비자)에게 전달되는 것을 '웹 기반형, 크라우드 워크형', 오프라인에서 전달되는 것을 'O2O형'이라고 말한다. 노동이 제공되는 방식에 주목하는 것이 '긱^{Gig} 워크' '크라우드 워크'이다.

실제로 플랫폼이 다양한 방면에서 도입된 이후 우리 생활에는 많은 변화가 생겼다. 음식배달 전단지는 모습을 감추었고 사람들은 원할 때마다 원하는 시간에 원하는 곳에서 음식을 배달시켜 먹는다. 자영업자들은 매출 증대에 배달 앱이 도움이 되었다고 이야기한다. 손 안의 핸드폰은 작은 쇼핑몰이다. 사람들은 어디에서나 편하게 검색도구를 활용하여 쇼핑을 하고 물품을 주문한다. 플랫폼을 만들면 공장을 가지고 있지 않아도, 가게를 가지고 있지 않아도 비즈니스를 할 수 있다. 이제 은행에 가지 않고도 모바일을 이용해 금융 업무를 볼 수 있다. 이로 인해 사람들의 시간이 절약되었을 뿐 아니라 농어산촌 오지의 금융 접근성이 확대되었다.

일자리(일거리)를 원하는 사람들은 다양한 플랫폼에 자신의 재능을 올려놓고 주문을 받을 수 있고 틈새 시간을 이용해 부수입을 올릴 수 있다. 그것은 사진일 수도 있고 디자인일 수도 있고 세탁, 청소, 육아와 같은 돌봄 서비스일 수도 있다. 수천 명의 사람들이 각자 편한 장소에서 컴퓨터를 이용해 입력을 하면 그 데이터가 모여 필요한 기업에 제공된다.

하지만 이러한 플랫폼 경제가 무엇을 혁신하고 있는가? IT

기술 기반의 플랫폼 경제가 4차 산업혁명이라고 불릴 만큼 근본적 전환인지에 관해서는 아직 합의가 이루어지지 않았지만, 생산방식을 근본적으로 혁신하고 새로운 시장을 창출하고 있는 것만은 사실이다. 하지만 플랫폼이 근본적으로 자본 중심의 경제를 변화시키고 있는가? 역사상 상업자본에서 산업자본으로, 그리고 금융자본으로 이어져왔듯이 이제 '디지털 자본'으로 바뀌는 것뿐 아닐까?

주목받는 플랫폼 기업들은 대부분 100억 이상 투자를 받은 스타트업들로, 기술에 계속 투자하고 있으며 대개 일정 단계에 이르면 승자독식의 경향을 보인다. 곧 자본과 기술에 취약한 사람들에게는 원천적으로 접근이 봉쇄되어 있다. 소수의 투자자들이 보유한 우버의 기업 가치는 1,200억 달러(2018년)에 이른다고 하지만 기사들은 사회보장은커녕 최저임금 정도의 수입을 올리고 있으며, 그 격차는 계속 벌어지고 있다.

우버의 기업 가치를 형성하는 토대는 무엇인가? '기술'이라는 몰가치적 용어에 노동 소외, 자본 중심의 이윤 분배라는 본질이 감추어져 있는 것은 아닌가? 예전부터 있었던 오프라인의 백화점, 공인중개소, 직업소개소가 온라인으로 바뀐 것일 뿐, 플랫폼 기업들이 취하는 이윤은 여전히 생산, 유통 마진, 노동생산성에서 기인하는 것 아닌가?

한편 '공유경제'는 제품을 여러 명이 공유하여 사용하는 것을 일컫는 용어로, 2008년 세계 금융위기 이후 기존의 소유 중심 경제에 반대하는 개념으로 대두되어 본격화되었다. 하지만 '우버'의 사례에서 나타나듯이 현상은 '차량 공유'이지만 성과는 누구에게 귀속되는가? 지난 2019년 5월 우버의 상장을 하루 앞두고 미국 로스앤젤레스, 뉴욕, 영국 등에서 파업을 벌인 기사들의 피켓에는 "CEO 연봉은 500억, 운전자 시급은 1만원!"이라는 글귀가 적혀 있었다.

'플랫폼 노동' '약탈적 공유경제'라는 말은 이렇게 혁신과 공유라는 용어 뒤에 숨은 플랫폼 경제의 본질을 구별해내고자 하는 노력의 일환이다.

플랫폼 경제를 둘러싼 국제적 논의

국제노동기구[ILO]는 창립 100주년을 맞아 2019년 7월, 108차 총회에서 '일의 미래 보고서'와 '권고문'을 발표하였다. 국제노동기구는 4차 산업혁명, 기후변화, 노동이주 등이 고용과 노동시장 전반에 가져올 변화를 분석하고 대응방안을 도출하기 위해 글로벌 위원회를 구성했고, 노사정 및 관련 기구가 2년에 걸친 논의 끝에 합의를 이끌어낸 것이다.

보고서에서는 일의 미래에 가장 큰 영향을 미치는 요인 중 하나로 '인공지능, 자동화, 로봇공학 등 기술의 발전'을 들었다. 기술은 한편으로는 사람들에게 새로운 기회를 열어주지만 한편으로는 배제되고 경쟁에서 탈락하는 집단을 만들어낸다. 문제는 지속가능한 사회, 공정하고 민주적인 경제를 위하여 어떻게 기술을 활용할 것인가이다. 국제노동기구는, 기술을 적절히 활용한다면 직업 선택의 폭을 넓히고 일과 생활의 균형을 이룸으로써 일하는 사람들의 노동시간 자율성을 확대할 수 있다고 본다. 또 한편으로는, 디지털 독점과 불안정 플랫폼 노동에 주목하여 데이터 활용 및 알고리즘 신뢰성에 대한 규제, 취약계층까지 포괄하는 국제적 거버넌스 제도 마련, 고품질의 사회적 디지털 인프라에 대한 투자, 플랫폼 노동자를 아우르는 보편적인 노동권과 사회보장권의 보장을 요청한다.

실제로 최근 몇 년 사이 많은 나라들에서 산업 육성과 노동 보호, 두 측면에서 플랫폼 경제와 플랫폼 노동을 사회제도로 편입하려는 시도가 이루어지고 있다.

먼저 산업 육성 측면에서 유럽연합^{EU} 집행위원회는 플랫폼 경제와 데이터 기반 비즈니스 모델을 새로운 성장, 산업 혁신 및 일자리 창출 기제로 주목하고 다양한 지원정책을 펼치고 있다. 신뢰받는 플랫폼 경제 구축을 위한 법률 및 세금 이슈 연구와 관계자 포럼을 비롯해 스마트 시티를 통한 도시 생활 개선, 지방의 디지털화 및 지방 간 협력 강화, 중소기업의 플랫폼 경제 참여 촉진 등이 '신뢰받는 플랫폼 경제', '공정한 인터넷 생태계', '책임 있는 행위자'를 키워드로 전개되고 있다.

노동 보호 측면에서는, 미국의 경우 뉴욕주가 2018년 우버 기사 등에게도 최저임금을 보장하는 법안을 통과시켰으며, 캘리포니아주는 2019년에 AB5 법안을 도입하여 직접 고용의 성격을 갖고 있는 플랫폼 노동자를 프리랜서로 간주하는 것을 엄격히 제한하였다. 유럽에서는 사회보장제도를 강화하는 특징이 있는데, 예를 들어 최근에 네덜란드는 플랫폼 노동자에게 노동능력 상실에 대한 보호를 제공하는 '노동과 안전에 관한 새 법령(2015)'을, 프랑스는 플랫폼 노동자의 직업능력 개발, 건강보험과 산재보험 및 안정된 보수의 보장에 관한 '노동과 사회적 대화 그리고 직업적 경로의 보장에 관한 법(2016)' '자신의 미래를 선택할 자유에 관한 법(2018)'을 제정하였다.

본격화되고 있는 사회적경제 진영의 대응

문제가 있는 곳에는 항상 답을 찾는 사람들이 있다. 그리고 그들은 대부분 자신의 생활과 일에서 문제를 절실하게 실감하는 당사자들이다. 정부가 거시적인 생태계에 주목해 법제도 변혁에 중점을 두고, 연구자들이 실태 조사와 통계에 기반한 다양한 대안을 논의하고 있다면, 당사자들은 실천으로서 답을 내오려 한다. 사회적경제는 바로 이러한 실천적 당사자들이다. 사회적경제인들은 대안으로서 플랫폼 협동주의, 플랫폼 협동조합운동을 주장하고 플랫폼 협동조합을 만들어나가고 있다.

주체를 기준으로 나누면 플랫폼 노동에 대응하는 사회적경제의 주요 그룹은 다음과 같다.

첫째, 직접 협동조합을 설립, 운영하는 당사자들이다. 이들은 다시 유형별로 나눌 수 있는데, 먼저 미국의 가사 서비스 협동조합인 업앤고, 택시노동자들이 모인 그린택시협동조합처럼 스스로 플랫폼을 구축해 일자리(일거리)를 만드는 노동자협동조합이 있다. 다음으로 전세계 63개국 1천여 명의 사진작가들이 사진을 공유하고 있는 스톡시 유나이티드와 같은 생산자협동조합이 있다. 스위스에 있는 건강 데이터 협동조합 마이데이터는 일종의 소비자협동조합이다. 빅데이터를 독점하려는 플랫폼 대기업에 대항해 자신의 의료기록, 건강 데이터 등의 공개, 공유 여부를 조합원들이 결정한다. 사용자, 생산자, 플랫폼 개발자 등 이해관계자들이 플랫폼을 공동 소유하는 다중이해관계자협동조합으로는 블록체인 기술을 활용한 음악 스트리밍 플랫폼 레소네이트를 들 수 있다. 이들의 공통된 특징은 당사자들이 플랫폼을 구축하여 공동 소유하고, 수수료를 공개하며, 성과를 공정하게 분배한다는 점이다. 곧 공동 소유와 민주적 운영의 원칙이 관철되어 디지털 자본 기반의 플랫폼 기업과 상반된 특징을 보인다.

둘째는 연구자 그룹으로, 대표적으로 플랫폼 협동조합운동을 주창하면서 전 세계적인 연구 및 연구자 조직화를 시작한 뉴욕대 뉴스쿨 교수인 트래버 숄츠를 들 수 있다. 숄츠 교수는 최근의 공유경제는 '껍질만 공유이고 본질은 디지털 자본경제'라고 비판하면서 노동자를 비롯한 당사자들이 직접 공동체적으로 운영하는 플랫폼 협동조합을 대안으로 제시하였다. 현재 연구자를 중심으로 다양한 대학, 비영리법인 등이 모여 플랫폼 협동조합운동 컨소시엄^{PCC}을 구축하고, 매년 국제 플랫폼 콘퍼런스를 개최하고 있다. 인터넷 주권주의(https://ioo.coop)는 다양한 스타트업들의 협동조합, 노동자 소유기업으로의 전환을 돕기 위해 플랫폼 협동조합운동 디렉토리 및 행사 등을 모아놓은 사이트이다.

셋째, 협동조합 연합체를 비롯해 노동조합, 비영리재단 등 지원조직들이다. 이들은 협동조합운동이 IT 기술을 적극 도입, 활용함으로써 사업을 발전시켜야 한다고 믿으며, 협동조합의 원칙에 기반한 플랫폼의 개발은 협동조합이 향후 새로운 방식으로 더욱 확장될 수 있는 무한한 가능성을 보여준다고 믿는다. 플랫폼 협동조합은 디지털 플랫폼 기술을 이용해 민주적 거버넌스를 더욱 강화할 수 있으며, 공동 소유와 조합원 통제라는 협동조합적 방식으로 더욱 공정하고 도덕적인 기업 활동을 촉진할 수 있다는 것이다. 따라서 이들은 조사 연구에서부터 캠페인에 이르기까지, 또 회원조합 혹은 당사자 그룹과 협력하여 플랫폼 협동조합의 설립 혹은 전환을 위한 기술, 자금, 경영 전문 인력을 지원한다.

2012년 이탈리아 협동조합연맹인 레가쿱은 협동조합 원칙에 바탕을 두고 온라인 데이터를 관리하자는 내용을 담은 '협동적 커먼즈Cooperative Commons' 선언을 발표했다. 영국의 네스타 재단과 코퍼라티브즈UK는 2019년에 공동으로 이 책의 원저인, 《플랫폼 협동조합에 관한 보고서Platform Co-operatives, Solving the Capital Conundrum》를 발간해 환경 변화에 대응하기 위한 협동조합의 전략을 발표했다. 오픈 소사이어티 재단은 120,000파운드 규모의 지원 프로그램을 통해 이퀄 돌봄협동조합을 비롯한 플랫폼 협동조합의 성장과 설립을 지원하고 있으며, 미국서비스노조연맹, 로빈후드 재단, 버클레이 은행, IT 사회적기업은 공동으로 재정과 인력, 기술을 지원해 이주가사노동자 협동조합인 업앤고 설립을 지원했다. 영국에서는 문화예술인 노조가 협동조합형 사회적기업인 인디큐브IndyCube에 투자하고 있다.

  이러한 실천과정에서 모습을 드러내고 있는 '플랫폼 협동조합'은 다음과 같이 정의할 수 있을 것이다. 첫째, 제품이나 서비스의 거래 및 판매를 위해 모바일 앱과 웹 기반 플랫폼을 활용하는 등 플랫폼 비즈니스 모델을 채용한다. 둘째, 이러한 디지털 플랫폼의 소유자는 노동자, 생산자, 소비자 등 핵심 당사자들로 구성된 협동조합이다. 셋째, 민주적 운영, 성과의 공정한 배분이라는 협동조합 원칙에 따라 운영된다.
  플랫폼 협동조합운동 컨소시엄에 따르면, 2019년 6월 현재 전 세계에 약 280개의 플랫폼 협동조합이 운영되고 있는데, 이는 2018년 말에 비해 약 30개 증가한 수치이며, 대표적으로 유통, 사회 서비스, 프리랜서 업무 분야의 생산자들이 만든 사례가 두드러진다고 한다.

독일의 사민당, 영국 미래당이 내부 강령에 플랫폼 협동조합을 채택하고, 국제노동기구가 '일의 미래 선언문'에서 협동조합과 사회연대경제를 명시한 것도 이러한 실천적 운동이 바탕이 되었을 것이다.

앞에서 이야기한 국제노동기구의 '일의 미래를 위한 ILO 100주년 선언'에서는 "품위와 자존감 그리고 모두가 정의롭게 이익을 공유할 수 있도록 해주는 양질의 일자리와 지속가능한 발전을 달성하기 위해서는 사회적 대화 등을 통해 기술 진보, 생산성 증가의 잠재력을 최대한 활용"해야 하며 "양질의 일자리와 생산적 고용, 모두를 위한 나은 생활수준 창출을 위해 영세 중소기업과 협동조합 및 사회연대경제의 기업 활동"을 지원해야 한다고 선언하고 있다.

한국의 플랫폼 협동조합 실험들

한국의 사회적경제 조직들 사이에서는 아직 플랫폼 경제 혹은 플랫폼 비즈니스, 플랫폼 노동에 대한 관심이 크지 않은 편이다. 한국에는 인터넷과 모바일이 빠른 속도로 보급되었으며 그 과정에서 이미 구글, 아마존, 페이스북과 같은 글로벌 플랫폼 기업뿐 아니라 네이버와 같은 종합 포털, 쿠팡이나 오투잡과 같은 유통·지식 플랫폼, 배달의민족·직방·야놀자·대리주부와 같은 O2O 플랫폼이 일찌감치 자리 잡았기 때문일 것이다. 이러한 시장에 진입하기에는 사회적경제 기업은 규모가 작을뿐더러 (플랫폼 비즈니스는 규모화가 중요하기 때문에 특히 단일 업종일 경우 보통 전국을 범위로 한다) 최소 몇십 억대에 이르는 자금 조달과 급속히 업그레이드되는 기술 획득에 어려움이 있다. 물론 소셜 벤처 분야에서는 플랫폼 비즈니스 모델을 채용하는 기업들이 늘고 있지만, 소셜 벤처의 개념이 아직 정립되지 않았으며 스타트업과의 구별이 모호하기 때문에 여기에서는 제외하기로 한다.

하지만 현장에서는 몇 년 전부터 플랫폼 불안정 노동에 노출된 당사자들이 협동조합을 조직하여 공동 대응하려는 움직임을 보이고 있다. 여기에서는 가장 역사가 오래된 라이프매직케어협동조합과 대리운전협동조합의 사례를 살펴보기로 하자.

라이프매직케어협동조합

경기도 부천에 있는 라이프매직케어협동조합(이하 '라이프협동조합')은 가사 서비스와 교육을 주사업으로 2018년 5월 주식회사로 설립되었으며 같은 해 11월에 협동조합으로 전환하였다. IMF 당시 중고령 여성들의 돌봄일자리 창출과 임파워먼트,

일공동체를 목적으로 전국의 비영리 조직들이 모여 만든 (사)한국가사노동자협회가 모태로, 현재 개인조합원 3명, 사회적협동조합·주식회사형 사회적기업 등 법인조합원 3개소 등 6명의 조합원으로 구성되어 있다. 돌봄 사회적경제 기업의 발전을 지원하기 위해 2019년 1월에는 정보공개서·가맹계약서를 공정거래위원회에 등록하여 소셜 프랜차이즈를 구축하기 시작했고, 9월에는 예비사회적기업으로 지정받았다. 현재 조합원 사를 제외한 가맹점은 비영리법인, 사회적협동조합 등 6개소이다.

가사 서비스 혹은 가사지원 서비스는 가정을 방문해 청소, 세탁 등의 업무를 함으로써 가족에게 청결과 휴식을 제공하는 서비스다. 전통적으로 가족 가운데 여성이 해오던 역할로, 여성의 경제활동 참여와 맞벌이 가정의 증가, 성별 분업의 개선, 최근에는 고령화와 핵가족화를 배경으로 산업화되고 있다. 하지만 1953년 '가정 내에서 이루어지는 개인간 거래'로서 '정부의 감독이 어렵다'는 이유로 근로기준법 적용 대상에서 제외된 이후 지금까지 노동법과 사회보장제도의 사각지대에 놓여 있다. 노동자이지만 법제도에서 배제되었다는 의미에서 근래에 등장한 '특수고용'과 달리 '비공식 부문 노동자'라고 부른다. 이들의 사회적 배제는 우리나라뿐 아니라 세계적으로 공통된 이슈로, 2011년 국제노동기구는 '국제 노동계의 마지막 현안'이라고 불리던 가사노동자 보호에 관해 '양질의 일자리를 위한 가사노동자협약'을 채택하였고, 이후 많은 나라들이 협약을 비준하고 국내법을 개정하고 있다.

우리나라는 사회보험, 최저임금과 퇴직금 보호, 근로장려세제, 일가정 양립제도, 고용지원 서비스, 직업훈련 등 대다수의 사회보장제도들이 근로기준법과 연동되어 있다. 따라서 이들은 이러한 모든 제도에서 배제됨으로써 업무상 재해와 실업 등 사회적 위험에 고스란히 노출되어 있으며 공식 직업훈련과 취업 알선도 받지 못한다.

이 시장에 플랫폼 기업의 진입이 본격화된 것은 2015년 전후이다. 2006년 2조8천억 원에서 2016년 6조 원으로 추정되는 시장의 급속한 성장을 바라보고 플랫폼 기업들이 생겨나기 시작했으며, 이로 인해 그간의 주공급자였던 직업소개소, 비영리단체들의 사업은 정체 혹은 축소되었다. 플랫폼 기업들은 내외부에서 100억 이상의 투자를 끌어들이며 단기간에 시장을 점유해나갔고, 소비자 역시 모바일 기반의 편의성으로 인해 플랫폼 시장으로 급속히 편입되어갔다. 현대카드·현대캐피탈이 2017년 1월부터 2019년 10월까지 소비자들의 결제 성향을 분석한 결과, 가사 서비스 결제는 2017년에 5만 6,690건에서 2019년에는 19만 42건으로 3.4배 증가하였고, 결제금액도 약 20억 원에서 62억 원으로 뛰어올랐다.

플랫폼 기업의 확산은 한편으로 틈새시장을 창출해 단시간 일회성 근로를 원하는 사람들을 끌어들였다는 성과를 보였다. 하지만 그간 정비되어가던 시장은 다시 혼란에 빠졌다. 주문과 취소가 편리해지면서 약 70 대 30이던 정기성 주문과 일회성 주문의 비율이 역전되어 일자리는 더욱 불안정해졌으며, 서비스 품질을 높이기 위한 교육은 축소되었고 그 자리를 고객 평점이 자리 잡게 되었다. 종사자에 대한 최소한의 보호장치로 여겨졌던 배상보험은 이제 '비용'으로 취급되어 선택사항이 되었으며, '중개수수료'는 기업의 '영업비밀'이 되어 공개되지 않는다 (실제로 10% 안팎이었던 중개수수료는 25~30%로 뛰어오른 것으로 보인다).

라이프협동조합은 플랫폼 기업의 확산으로 인한 사회적경제 기업들의 정체를 '노동자 소유의 협동적 플랫폼 도입'과 '소셜 프랜차이즈를 통한 규모화'로 대응하려고 했다. 라이프협동조합과 조합원 사들은 생산자와 직원이 출자 혹은 주식을 가진 노동자협동조합이며, 플랫폼 구축비용은 조합원과 참여기업들의 출자금과 분담금·프로젝트·대출로 조달하였고, 협동조합 원칙에 의해 민주적으로 운영되며 수수료는 공개된다. 오프라인 사업 시기에 구축되었던 서비스 품질과 종사자 임파워먼트를 위한 교육과 회의, 개별 노동의 소외를 극복하고 상호 지지

체계를 마련하기 위한 자조모임, 사회적 위험으로부터 스스로를 보호하기 위한 공제사업(소액대출) 구조도 그대로 유지하고 있다. 규모화를 위한 협력의 구조를 '연합회'가 아니라 '소셜 프랜차이즈'로 한 것은 구성원들이 주식회사형 사회적기업, 협동조합 등이어서 현행법상 연합회 구성이 불가능했기 때문이며, 라이프협동조합의 목적이 사회적협동조합에 가까움에도 일반 협동조합으로 등록한 것은 비영리법인은 무료 직업소개만 가능하게 한 현행법의 제약 때문이다.

라이프협동조합은 15년 이상의 역사를 가지고 지역에 튼튼하게 자리 잡은 가사 서비스 전문 사회적경제 기업들의 역사와 경험, 신뢰를 바탕으로 새로운 도전을 시작하였다. 하지만 지속적인 대규모 자금조달, 플랫폼 비즈니스에 특화된 경영 전문인력 조달, 다른 법령과의 충돌, 선행사례의 부족 등에서 어려움을 겪고 있으며, 이러한 어려움은 앞으로도 상당 기간 지속될 것으로 보인다.

대리운전협동조합

대리운전협동조합은 2012년 서울에서 설립되었으며, 그 전신은 2010년 대리운전기사 온라인 카페이다. 아무런 사회적 보호를 받지 못하던 기사들이 스스로를 보호하기 위해 사고 처리를 비롯한 업무 정보를 공유하고, 초보 기사들에게 선배가 노하우를 전수하기 위해 카페를 만든 것이다. 이들은 정보 공유 외에도 프로그램 업체의 횡포를 고발하는 기자회견을 하고 대리운전에 관한 통계를 작성해 정부에 정책을 요구하는 등 대리기사를 보호하기 위한 활동을 다방면으로 벌였다. 협동조합이 설립된 이후 이러한 사업은 협동조합으로 그대로 이전되었다. 현재 조합원은 28명이며, 카페를 중심으로 활동하는 회원들은 600명에 이른다. 재정의 어려움으로 임원들 역시 대리기사 업무를 하고 있으며 조합원과 회원들이 돌아가며 행정과 사무를 돕는다. 대리기사 안전교육, 상호 지지와 정보 공유를 위한 온라인 커뮤니티 운영, 사회적 위험에서 스스로를 보호하기 위한 소액대출(계), 정책활동이 주사업이다. 특히 정책활동을 통해 서울시, 경기도에서 대리기사를 비롯한 이동노동자 쉼터를 만들어 냈으며, 대리기사들에게도 고용보험을 적용하자는 법 개정안도 제출되었다.

대리운전 시장은 플랫폼 기업들이 90% 이상 독점하고 있어 신규 업체가 진입하기 어려운 상황으로서, 대리운전협동조합은 앞의 라이프협동조합과 달리 플랫폼 종사자를 보호하기 위한 '공제형 협동조합'에 가깝다. 신용불량으로 제1금융권을 이용하기 어려워 불법 대출업체를 찾는 기사들을 위한 소액대출, 손님

대기와 이동 사이에 쉴 수 있는 휴식처 제공, 개인 노동의 소외와 소진에 맞서기 위한 동료집단의 형성, 정부의 고용지원 서비스에서 제공하지 않는 교육과 업무 정보의 공유 등이 그러하다. 특히 교육의 경우 업무 특성상 기사들이 오프라인에서 한자리에 모이기 어려우므로 온라인 강의를 시도하고 있으며, 일방적 교육이 아니라 대리기사 스스로 콘텐츠 제작에 참여할 수 있도록 노력한다. 예를 들어 업무현장을 가장 잘 알고 있는 대리기사들이 스스로 콘텐츠를 만들어 등록을 신청하면 팩트 체크와 심의를 거친 후 온라인으로 보급하는 방식이다.

대리운전 업계는 한국 플랫폼 경제의 민낯을 보여주는 대표적 사례 가운데 하나다. 플랫폼 노동의 기본적인 불안정성에다 외국과 달리 복수의 중개업체(호출 플랫폼 소유 업체)가 개입되어 비용 부담을 가중시키고 있기 때문이다. 예를 들어 대리기사 가운데 90% 이상이 중개업체를 통하지 않고서는 일감을 받을 수 없고 요금도 업체가 일방적으로 정한다. 업무 특성상 여러 업체에 적을 두고 있는데, 업체마다 보험 가입을 요구하고 있으며 건당 20~30%의 높은 수수료를 공제한다. 2015년 서울시 조사에 따르면 대리기사들은 평균 1.25개의 보험에 가입되어 있으며 평균 3.19개 프로그램을 사용하고 있고, 기본 수수료(콜비)는 평균 20%에 이른다. 역시 근로기준법과 사회보장에서 배제되어 있어 가사노동자와 똑같이 사회보험, 직업훈련, 고용지원 서비스를 받지 못하고 있으며, 야간 근무에 따른 수면 장애 등 건강상의 문제가 심각함에도 산업안전 측면에서의 보호도 전혀 받지 못한다.

대리운전협동조합 역시 라이프협동조합과 비슷한 어려움에 처해 있다. 구성원들이 저소득 취약계층이기 때문에 사업 확대를 위한 자금조달은 물론 초기 안정화에 필요한 운영비 마련에 서조차 어려움을 겪고 있다. 공제회 설립, 1인 1보험 가입 등이 숙원 과제이지만 정부의 무관심과 전담인력의 부족으로 제자리걸음을 하고 있다. 하지만 문제를 안고 있는 당사자들의 자조적 노력은 플랫폼 경제의 문제를 해결하는 데 커다란 시사점을 던져주고 있다.

그 밖의 시도들

그 밖에도 다양한 시도를 해왔거나 하고 있는 사회적경제 기업들이 있다. IT 노동자협동조합들은 오투잡, 크몽 등 투자자 소유 플랫폼 기업에 맞서 일거리 알선 플랫폼을 구축하려 노력했지만 실패했으며, 사회적기업 오르그닷은 디자이너의 안정적 일감 확보를 위해 디자이너와 봉제공장을 연결하는 온라인 플랫폼을 구축하려 했으나 역시 실패했다. 영화제작소 눈 역시 독립영상 창작자와 제작 의뢰자를 연결해주는, 수수료 없는 플랫폼을 만들려 했으나 중단되었다. 최근 들어서는 좋은 돌봄을 제공하기 위한 노인요양 소셜 프랜차이즈 협동조합, 음식물 폐기물을 줄이기 위해 마감할인 식음료 판매 플랫폼을 운영하는 예비사회적기업, 과학기술 분야에서 플랫폼 기반 연구협업을 표방하는 협동조합 등이 나타나고 있으나 아직 초기 단계다.

플랫폼 협동조합의 특징

앞에서 보았듯이 플랫폼 경제는 생산방식의 변혁과 새로운 시장 창출이라는 빛과, 정보와 기술의 독점, 불안정 노동의 심화라는 그림자를 함께 안고 있다. 국제노동기구는 디지털 노동 플랫폼을 크라우드 워크와 긱 워크(O2O 서비스)로 나누었는데 긱 워크에서는 숙박, 운송 및 배달, 교육, 돌봄 및 가사 서비스가 플랫폼 노동이 확산되는 대표적 분야라고 지적하였다. 이는 우리나라도 다르지 않다. 가사 서비스, 대리운전 분야에서 플랫폼 협동조합이 가장 먼저 등장하고 끈질기게 유지되어 온 것도 이와 무관하지 않을 것이다.

사례가 많지는 않지만 이들 국내외 플랫폼 협동조합들의 특징은 다음과 같이 정리할 수 있다.

첫째, 플랫폼을 직접 운영하거나 교육 및 복지사업을 통해 플랫폼 종사자를 보호하는 역할을 한다. 전자의 경우 공유 플랫폼을 핵심 비즈니스 도구로 갖고 있으며, 후자의 경우 조합의 주된 이용자는 플랫폼 종사자이다.

둘째, 전통적 협동조합과 달리 디지털 기술을 활용해 참여를 이끌어내고 이를 통해 조합원의 자본 형성과 커뮤니티 강화를 꾀한다.

셋째, 투자자 소유 기업이 아니라 종사자 및 이해관계자로 구성되어 공정하고 평등한 디지털 경제, 노동관행을 만들고자 한다. 따라서 노동자에 대한 공정한 임금 및 이익배분, 직원 간 연대 및 존중, 민주적이고 투명한 운영의 가치를 구현하려는 속성을 가진다.

넷째, 상품과 서비스의 질을 유지하고 영속성을 갖기 위해 노동자에 대한 교육에 힘을 기울인다. 특히 한국과 같이 특수고용, 비공식 부문 불안정 노동자들이 중심이 된 플랫폼 협동조합들은 본디 정부의 업무여야 할 고용지원(취업알선·정보제공), 산업안전교육, 직무교육에서 배제되어 있기 때문에 이에 주력하는 경향이 있다.

다섯째, 한국과 미국 등 사회보장이 취약한 나라에서는 공제회 등 자체 사회보장 기능을 갖추려는 경향을 보인다. 예를 들어 미국의 플랫폼 협동조합들은 '기금'을 마련하고 있으며 한국에서도 소액대출사업 등 작지만 자체 공제사업을 시도하고 있다.

사회적경제는 플랫폼의 확산에 어떻게 대응할 것인가

사회적경제는 기술의 발전에 더 많은 관심을 기울여야 한다. 기술이 가져오는 생활의 변화, 생산과 소비와 유통의 변화에 주목해야 한다. 기술은 우리에게 더 많은 기회를 부여하기 때문이며 사회적경제의 가치는 기술 발전의 사회적 위험을 최소화할 수 있는 기제이기 때문이다. 특히 협동조합은 자본주의 세계에서 공정하고 평등한 관행을 만들어왔고 대안경제 모델로서 확고히 자리 잡았다. 이제 기술 기반 플랫폼 경제에 대해서도 대안 모델을 만들어내야 한다. 앞서 이야기한 라이프협동조합의 실험이 반드시 성공하리라고 장담할 수는 없다. 하지만 '노동자(관계자) 소유 공유 플랫폼'이라는 기치가, 디지털 자본 플랫폼이 횡행하는 시장에 공정 관행Fare Practice을 견인하는 시금석이 되리라는 것만은 확신한다. 지속가능발전목표(SDGs)와 역사적으로 협동조합이 만들어온 공정 관행을 플랫폼 경제에 대입하려는 도전이 본격화되어야 한다.

다음으로 더 많은 연구와 조사가 이루어져야 한다. 지역 기반의 대면방식이던 전통적 협동조합 모델이 온라인 비대면 방식에서 어떻게 재탄생되어야 할지, 국내외 플랫폼 협동조합들은 어떻게 설립·운영되고 있는지, 지속가능성을 담보하기 위해서는 무엇이 필요한지, 법적 제도적 제약 요인은 무엇인지, 우리에게는 많은 정보가 필요하다.

특히 불안정 노동에 대항하는 플랫폼 종사자들의 협동조합에 대한 지원을 강화해야 한다. 세계적으로도 유례없을 만큼 빠르게 성장하는 한국의 플랫폼 경제에서 왜 종사자들의 협동조합은 부진할까? 가사노동자, 대리기사, 배달노동자 등 취약계층이 대다수인 영역, 전통적 노사관계가 작동하지 않는 영역에서 플랫폼 경제가 확산되고 있기 때문이다. 이들은 공장이나 사무실에서 집단적 노동을 하는 것이 아니라 개별적으로 호출을 받아 근로하기 때문에 모이기조차 쉽지 않기 때문이다. 경제적으로 취약하기 때문에 3~5년에 걸친 초기 조직 안정에 필요한 자금을 마련하기 어렵기 때문이다. 대표적 플랫폼 노동자협동조합으로 우리나라에 소개되고 있는 업앤고가 비영리재단과 은행의 자금지원, 노동조합연맹의 조직활동가 파견, IT 사회적기업의 기술지원을 통해 설립, 확대되고 있는 것도 이 때문이다. 새로운 사회 문제로 떠오르는 플랫폼 노동의 등장, 사회적경제는 여기에 좀더 많은 관심과 지원을 기울여야 할 것이다.

※ 위 내용은 고용노동부 연구용역 '사회적경제를 통한 플랫폼 종사자 보호방안'과 맥을 같이합니다. 좀더 자세히 알고 싶은 분은 이 보고서를 참고하기 바랍니다.

참고문헌

"거대 협동조합 기업의 거버넌스 The Governance of Large Co-operative Businesses", Birchall J, 2017, Co-operatives UK.
https://www.uk.co-op/sites/default/files/uploads/attachments/governance-report_2017_final_web.pdf

"위기 시기의 이탈리아 협동조합, 2차 보고서, 요약 Co-operation in Italy during the crisis years, second report, executive summary", Borzaga C, 2014, Euricse.

'공동체주식 개방 데이터 대시보드 Community Shares Open Data Dashboard', Community Shares Unit, 2018년.
www.communityshares.org.uk

"2018년 협동조합 경제 보고서 The Co-operative Economy Report 2018", Co-operatives UK, 2018.
http://reports.uk.co-op/ economy2018/

"플랫폼 협동조합이 우버 같은 죽음의 별을 물리치고 진정한 공유경제를 만드는 방법 How Platform Co-ops can beat Death Stars like Uber to create a real sharing economy", Gorenflo N, 2015, Shareable.

https://www. shareable.net/blog/how-platform-co-ops-can-beat-death-stars-like-uber-to-create-a-real-sharing-economy

"생산의 정의(正義) Justice in production", 정치철학 저널The Journal of Political Philosophy, 16:1, pp. 72~100, Hsieh N.
- http://onlinelibrary.wiley.com/doi/10.1111/j.1467- 9760.2007.00290.x/ abstract

"데이터 신뢰는 개인정보에 대한 우리의 두려움을 경감시킨다 Data trusts could allay our privacy fears", Lawrence N, 2016, The Guardian.
https://www.theguardian.com/media-network/2016/jun/03/data-trusts-privacy-fears-feudalism-democracy

"협동조합의 장점 : 혁신, 협력 그리고 기업 소유권을 공유하는 것이 영국에 좋은 이유 The Co-operative Advantage: Innovation, co-operation and why sharing business ownership is good for Britain", Mayo E(ed.), 2015, Cooperatives UK

"동시 붕괴-플랫폼 협동조합의 도전(과 기회) Disrupting Together-The challenges(and opportunities) for platform co-operatives", McCann D and Yazici E, 2018년, New Economics Foundation.
https://neweconomics.org/uploads/files/Disrupting-Together.pdf

'협동조합 폭발적 성장-영국 협동조합 부문 두 배 성장 Co-operatives Unleashed-Doubling the size of the UK's co-operative sector', New Economics Foundation, 2018년.
https://neweconomics.org/ uploads/files/co-ops-unleashed.pdf

참고문헌

"우리가 노동자협동조합에 대해 진짜로 아는 것은 무엇인가? What do we really know about worker co-operatives?", Perotin V, 2015, Co-operatives UK
https://www.uk.co-op/sites/default/files/uploads/attachments/worker_co-op_report.pdf

"우버가 심리 트릭을 이용하여 운전자가 버튼을 누르게 하는 방법 How Uber Uses Psychological Tricks to Push Its Drivers' Buttons", Scheiber N, 2017, The New York Times.
https://www.nytimes.com/ interactive/2017/04/02/technology/uber-drivers-psychological-tricks.html

"플랫폼 협동조합은 새로운 업무방식 Platform Co-ops are a new way of working", Scheiber N, 2018, In the Mesh.
https://inthemesh. com/archive/platform-co-ops-interview-nathan-schneider/

"인정하세요! 플랫폼 협동조합운동의 포트폴리오는 진보 중 Own This! A Portfolio of Platform Co-operativism, in Progress", Scholz T, 2018, 공개 세미나.
http://www.publicseminar.org/2018/08/own-this/

"설명글 공유 : 플랫폼 협동조합이란 무엇인가? A Shareable Explainer: What is a Platform Co-op?", Sutton M, 2016, Shareable.
https://www.shareable.net/blog/a-shareable-explainer-what-is-a-platform-co-op

'뉴스쿨의 플랫폼 협동조합운동 컨소시엄(Pcc), 구글로부터 1백만 달러의 보조금

수령 The Platform Co-operativism Consortium (Pcc) At The New School, Receives $1,000,000 Google.Org Grant', The New School, 2018. https://ww2.newschool.edu/pressroom/pressreleases/2018/treborscholz. htm

• 위 참고문헌은 원저에 수록된 내용임.

플랫폼 경제,
협동조합을 만나다

1판 1쇄 인쇄 2019년 12월 10일 **1판 1쇄 발행** 2019년 12월 17일

지은이 사이먼 보킨 **옮긴이** 번역협동조합

펴낸이 전광철 **펴낸곳** 협동조합 착한책가게

주소 서울시 은평구 통일로 684 1동 3C033

등록 제2015-000038호(2015년 1월 30일)

전화 02) 322-3238 **팩스** 02) 6499-8485

이메일 bonaliber@gmail.com

ISBN 979-11-90400-01-5 (03320)

• 책값은 뒤표지에 있습니다.

• 잘못된 책은 구입하신 서점에서 바꾸어 드립니다.

이 도서의 국립중앙도서관 출판예정도서목록(CIP)은 서지정보유통지원시스템 홈페이지
(http://seoji.nl.go.kr)와 국가자료공동목록시스템(http://www.nl.go.kr/kolisnet)에서
이용하실 수 있습니다. (CIP제어번호: CIP2019048851)